1か月で復習する
イタリア語 新装版
基本の500単語

佐藤 徳和／北野 美絵子 ジュリア

音声無料
ダウンロード

語研

JN041043

音声について（音声無料ダウンロード）

◆ 本書の音声は無料でダウンロードすることができます。下記の URL または QR コードより本書紹介ページの【無料音声ダウンロード】にアクセスしてご利用ください。

https://www.goken-net.co.jp/catalog/card.html?isbn=978-4-87615-423-4

◆ 音声は，見出し語→例文の順番で 1 回ずつ，ナチュラルスピードよりもややゆっくりめで収録されています。

◆ 見出し語と例文にはルビをふりましたが，日本語にはない発音もあるため，音声を繰り返し聞いていただくのがより効果的です。

◆ 例文の上の下線 〰〰〰 は，音声の区切りを示しています。音声を聞きながら発話の練習をする際のヒントとしてご活用ください。

⚠ 注意事項 ⚠

● ダウンロードで提供する音声は，複数のファイル・フォルダを ZIP 形式で 1 ファイルにまとめています。ダウンロード後に復元してご利用ください。ダウンロード後に，ZIP 形式に対応した復元アプリを必要とする場合があります。

● 音声ファイルは MP3 形式です。モバイル端末，パソコンともに，MP3 ファイルを再生可能なアプリ，ソフトを利用して聞くことができます。

● インターネット環境によってダウンロードできない場合や，ご使用の機器によって再生できない場合があります。

● 本書の音声ファイルは，一般家庭での私的使用の範囲内で使用する目的で頒布するものです。それ以外の目的で本書の音声ファイルの複製・改変・放送・送信などを行いたい場合には，著作権法の定めにより，著作権者等に申し出て事前に許諾を受ける必要があります。

はじめに

　世界中の人々を魅了してやまないイタリア。この素晴らしい国の母国語とするイタリア語を学びたいという理由も百人百様だと思います。「料理のレシピを原書で読みたい」「オペラをイタリア語で楽しみたい」「映画を字幕なしで理解したい」「ルネサンス美術を学びたい」「イタリア人とサッカー談義を交わしたい」中には，「世界有数の世界遺産を誇るイタリアをガイドなしで巡りたい」などという夢を持っている方もいるかもしれません。その目標を達成するには，その分野の専門用語を習得する必要がありますが，まずは，基礎単語を身につけなければなりません。本書では，最初に覚えたい必須 500 単語を厳選し，実際の生活の場で使用するフレーズを用意しました。実用イタリア語検定 5 級の対策としても対応しています。イタリア語は，他の言語と比べて日本人にとっては発音しやすい言語だと言われていますが，初心者にはやはり難しい発音もあるため，カタカナ発音も記しました。付属の CD を聴きながら，ネイティブの発音を真似て実際に口で発して，覚えていきましょう。関連語には，初級レベルでは，やや難しい単語もありますが，役立つものをセレクト。こちらも合わせて身につけてください。読者のみなさまの夢にこの単語集が少しでも役立つことができれば幸いです。

　共同執筆者で，バイオリンの街，クレモナ出身の北野美絵子ジュリアさんには，なるべく生きたイタリア人らしいフレーズを作成していただきました。ナレーションではイタリア語指導歴が長く，イタリアと日本で著書を持つ，ロッサーナ・アンドリウッツィ先生にお世話になりました。また，この本の企画を紹介していただいた日伊学院の松本太郎さん，花原昌子さん，最後の最後まで，構成についてわがままを聞いていただいた語研編集部の西山美穂さんには心より感謝の思いを捧げます。

　一日も早い新型コロナウイルスの終息，そしてイタリアとの往来が再び訪れる日を願って。

2020 年 12 月　佐藤 徳和

3

目次

【音声ナレーション】Rossana Andriuzzi ／佐藤 徳和
【装丁】クリエイティブ・コンセプト

本書の構成

- 暗記には付属の赤シートをご活用ください。
- 例文語注の 番号 は見出し語の左の見出し語番号にあたります。
- 例文語注の 番号 は見出し語注の関連表現です。

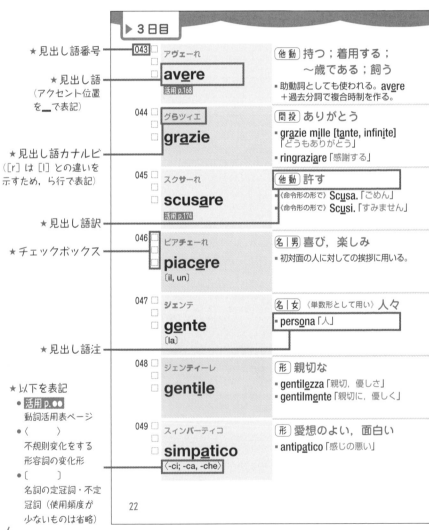

★見出し語番号

★見出し語
（アクセント位置を_で表記）

★見出し語カナルビ
（[r] は [l] との違いを示すため，ら行で表記）

★見出し語訳

★チェックボックス

★見出し語注

★以下を表記
- 活用 p.●●
  動詞活用表ページ
- 〈　　　〉
  不規則変化をする形容詞の変化形
- 〔　　　〕
  名詞の定冠詞・不定冠詞（使用頻度が少ないものは省略）

▶ 3日目

043 アヴェーれ
avere
活用 p.168
(他動) 持つ；着用する；
〜歳である；飼う
- 助動詞としても使われる。avere ＋過去分詞で複合時制を作る。

044 ぐらツィエ
grazie
(間投) ありがとう
- grazie mille [tante, infinite] 「どうもありがとう」
- ringraziare 「感謝する」

045 スクサーれ
scusare
活用 p.174
(他動) 許す
- 〈命令形の形で〉Scusa. 「ごめん」
- 〈命令形の形で〉Scusi. 「すみません」

046 ピアチェーれ
piacere
〔il, un〕
(名│男) 喜び，楽しみ
- 初対面の人に対しての挨拶に用いる。

047 ジェンテ
gente
〔la〕
(名│女) 〈単数形として用い〉人々
- persona 「人」

048 ジェンティーレ
gentile
(形) 親切な
- gentilezza 「親切，優しさ」
- gentilmente 「親切に，優しく」

049 スィンパーティコ
simpatico
〈-ci; -ca, -che〉
(形) 愛想のよい，面白い
- antipatico 「感じの悪い」

22

《品詞アイコンについて》

名｜男 ➡ 男性名詞　名｜女 ➡ 女性名詞　名｜男・複 ➡ 男性名詞・複数形

名｜女・複 ➡ 女性名詞・複数形　名｜男・女 ➡ 男性名詞・女性名詞 (男女同形)

形 ➡ 形容詞　前 ➡ 前置詞　副 ➡ 副詞　間投 ➡ 間投詞

代｜男 ➡ 代名詞 (男性形)　代｜女 ➡ 代名詞 (女性形)　代｜男・女 ➡ 代名詞 (男女同形)

他動 ➡ 他動詞　自動 ➡ 自動詞　再帰動 ➡ 再帰動詞　非人動 ➡ 非人称動詞

その他：無変化　名詞句　　　　　　　　　　　　　※ [-a] などは女性形を示す。

★音声ファイル番号
★QR コード

07

オ ウン ディツィオナーリオ ディ イタリアーノ
Ho un dizionario di italiano.

イタリア語の辞書を持っています。

▶ dizionario 170「辞書」

★例文カナルビ
（下線の続いている部分は
なるべく切らずに発音）

グらツィエ ミッレ ぺる ら トゥア メイル
Grazie mille per la tua mail!

メールをどうもありがとう！

★例文

▶ tua < tuo 010「あなたの」 mail 278「メール」

ミ スクースィ タント
Mi scusi tanto.

どうもすみません。

★例文訳

▶ mi scusi「〈敬称〉ごめんなさい」《親称の場合は scusami》
tanto 442「とても」

ミ キアーモ ジャンナ ピアチェーれ イル ピアチェーれ エ ミーオ
Mi chiamo Gianna, piacere!—Il piacere è mio!

私の名前はジャンナです．はじめまして！―こちらこそ！

▶ mi chiamo < chiamarsi 038「名前は〜です」
il piacere è mio「（挨拶の返答で）こちらこそ」

オンニ マッティーナ アル メるカート チェ タンタ ジェンテ
Ogni mattina al mercato c'è tanta gente.

毎朝，市場にはたくさんの人々がいます。

▶ ogni mattina「毎朝」 mercato「市場，マーケット」
tanta < tanto 442「たくさんの」

★例文語注

ミケーレ エ こるテーセ エ ジェンティーレ
Michele è cortese e gentile.

ミケーレは礼儀正しくて親切です。

▶ cortese「礼儀正しい」 e「そして」

イ ノストり ヌオーヴィ ヴィチーニ ソーノ モルト スィンパーティチ
I nostri nuovi vicini sono molto simpatici.

私たちの新しい隣人はとても感じがよいです。

▶ nuovi < nuovo 240「新しい」 vicini < vicino 259「隣人」

★学習の日付と，
暗記単語数を記入

| 1回目 | 年 月 日 ／7 | 2回目 | 年 月 日 ／7 | 3回目 | 年 月 日 ／7 | 達成率 9 % |

23

7

学習計画表

●約1か月弱で終えるためのスケジュールモデル《月曜開始の場合》

	月	火	水	木	金	土	日
日付⇨	/	/	/	/	/	/	お休み or 復習
	p.10〜14 001-021	p.16〜20 022-042	p.22〜26 043-063	p.28〜32 064-084	p.36〜40 085-105	p.42〜46 106-126	
チェック⇨	済	済	済	済	済	済	
	月	火	水	木	金	土	日
	/	/	/	/	/	/	お休み or 復習
	p.48〜52 127-147	p.54〜58 148-168	p.62〜66 169-189	p.68〜72 190-210	p.74〜78 211-231	p.80〜84 232-252	
	済	済	済	済	済	済	
	月	火	水	木	金	土	日
	/	/	/	/	/	/	お休み or 復習
	p.88〜92 253-273	p.94〜98 274-294	p.100〜104 295-315	p.106〜110 316-336	p.114〜118 337-357	p.120〜124 358-378	
	済	済	済	済	済	済	
	月	火	水	木	金	土	日
	/	/	/	/	/	/	総復習
	p.126〜130 379-399	p.132〜136 400-420	p.140〜144 421-441	p.146〜150 442-462	p.152〜156 463-483	p.158〜162 484-504	
	済	済	済	済	済	済	

＊開始日を記入し，終わったら済マークをなぞってチェックしてください。

●計画表フリースペース（自分なりのスケジュールを立てたい方用）

／	／	／	／	／	／	／
-	-	-	-	-	-	-
済	済	済	済	済	済	済
／	／	／	／	／	／	／
-	-	-	-	-	-	-
済	済	済	済	済	済	済
／	／	／	／	／	／	／
-	-	-	-	-	-	-
済	済	済	済	済	済	済
／	／	／	／	／	／	／
-	-	-	-	-	-	-
済	済	済	済	済	済	済

＊上から曜日，日付，習得した見出し語の開始と終わりの番号，済マークの
チェック欄になります。自由にカスタマイズしてお使いください。

001 □□□ イオ
io
代|男・女 私は, が

002 □□□ トゥ
tu
代|男・女 君は, が

003 □□□ レイ
Lei
代|男・女 あなたは, が；を
▪ 形式ばった手紙や文書では Lei と
しばしば大文字始まりにする。

004 □□□ ルイ
lui
代|男 彼は, が；を

005 □□□ レイ
lei
代|女 彼女は, が；を

006 □□□ ノイ
noi
代|男・女 私たちは, が

007 □□□ ヴォイ
voi
代|男・女 あなたたちは, が；を

イオ　ソーノ　ジャッポネーゼ
Io sono giapponese.

私は日本人です。

▶ io は省略可能。イタリア語は主語が明確な場合，省略できる。
sono < essere 037「～です」 giapponese 128「日本人」

トゥ　セイ　イタリアーナ
Tu sei italiana?

君は（女性の）イタリア人なの？

▶ sei < essere 037「～です」 italiana < italiano 127「イタリア人」

レイ　ディ　ドヴェ
Lei di dov'è?

あなたはどこの出身ですか。

▶ di dove「どこから」 è < essere 037「～です」

ルイ　ノネ　ストゥデンテ
Lui non è studente.

彼は学生ではありません。

▶ studente 154「学生」

レイ　パるラ　ベーネ　リタリアーノ
Lei parla bene l'italiano.

彼女はイタリア語を上手に話します。

▶ parla < parlare 220「話す」 bene 409「上手に」
italiano 127「イタリア語」《定冠詞のない italiano だけでも会話では使う》

ノイ　スィアーモ　ディ　トーキョ
Noi siamo di Tokyo.

私たちは東京出身です。

▶ siamo < essere 037「～です」

アンケ　ヴォイ　パるティーテ　ドマーニ
Anche voi partite domani?

君たちも明日出発ですか。

▶ anche「～も」 partite < partire 327「出発する」 domani 096「明日」

008 □□□
ローろ
loro
代｜男・女 彼ら［彼女たち］は, が；を

009 □□□
ミオ
mio
形 私の
代 私のもの
▪ 所有形容詞の変化は **p.139** を参照。

010 □□□
トゥオ
tuo
形 君の
代 君のもの

011 □□□
スオ
suo
形 彼の, 彼女の；あなたの
代 彼［彼女；あなた］のもの

012 □□□
ノストろ
nostro
形 私たちの
代 私たちのもの

013 □□□
ヴォストろ
vostro
形 君たちの；あなたたちの
代 君たちのもの；あなたたちのもの

014 □□□
ローろ
loro
形 彼らの, 彼女らの
代 彼［彼女］らのもの

ローろ　ソーノ　ミラネースィ
Loro sono milanesi.

彼ら［彼女たち］はミラノの人たちです。

▶ sono < essere 037「〜です」 milanesi < milanese「ミラノの人」

アイ　ヴィスト　ダ　クアルケ　パるテ　ラ　ミア　ボるサ
Hai visto da qualche parte la mia borsa?

どこかで私のバッグ見なかった？

▶ hai visto < vedere 223「見る」 da qualche parte「どこかで」
　borsa 380「バッグ」

ドヴェ　ラヴォーらノ　イ　トゥオイ　ジェニトーり
Dove lavorano i tuoi (genitori)?

君の両親はどこで働いているの？

▶ dove「どこで［に］」 lavorano < lavorare 281「働く」
　genitori 016「両親」《省略可能》

スオ　フィッリョ　フレクエンタ　ルニヴェるスィター　ディ　ボローニャ
Suo figlio frequenta l'università di Bologna.

彼［彼女］の息子はボローニャ大学に通っている。

▶ frequenta < frequentare 148「通う」 università 152「大学」

イル　ノストろ　ウッフィーチョ　エ　アル　テるツォ　ピアーノ　ディ　クエスト　パラッツォ
Il nostro ufficio è al terzo piano di questo palazzo.

私たちのオフィスはこの建物の 4 階にあります。

▶ ufficio 285「オフィス」 terzo piano「4 階」 palazzo「建物」

クアーリ　ソーノ　イ　ヴォストり　バガッリ
Quali sono i vostri bagagli?

君たちの荷物はどれ？

▶ quali < quale「どちらの」 vostri < vostro 013「君たちの」
　bagagli < bagaglio「荷物」

サーイ　イル　ローろ　インディリッツォ　ディ　カーサ
Sai il loro indirizzo di casa?

彼ら［彼女たち］の家の住所を知ってる？

▶ sai < sapere 406「知っている」 indirizzo 279「住所」 casa 051「家」

1回目	年 月 日 ／7	2回目	年 月 日 ／7	3回目	年 月 日 ／7	達成率 2 %

13

015 □□□
ファミッリャ
famiglia
〔la, una〕

名|女 家族
- familiare「家族の；親密な」

016 □□□
ジェニトーり
genitori
〔i〕

名|男・複 両親
- genitore「両親の片方」

017 □□□
バンビーノ
bambino
〔il, un〕

名|男 [-a] 子供；赤ん坊
- neonato[-a]「新生児」
- bimbo[-a]「赤ん坊；子供」

018 □□□
パードれ
padre
〔il, un〕

名|男 父
- papà/pa'/papi/babbo「パパ」
（papa は「教皇」という意味）

019 □□□
マードれ
madre
〔la, una〕

名|女 母
- mamma/ma'「ママ」
- mammone「マザコン」

020 □□□
ふらテッロ
fratello
〔il, un〕

名|男 兄［弟］
- イタリアでは通常, 兄と弟を区別しない。
- fratello maggiore [più grande]「兄」
- fratello minore [più piccolo]「弟」

021 □□□
ソれッラ
sorella
〔la, una〕

名|女 姉［妹］
- イタリアでは通常, 姉と妹を区別しない。
- sorella maggiore [più grande]「姉」
- sorella minore [più piccola]「妹」

アビト　コン　ラ　ミア　ファミッリャ
Abito con la mia famiglia.

家族と住んでいます。

▶ abito < abitare **485**「住む」　con「〜と一緒に」

オッジ　ヴェンゴノ　イ　ミエイ　ジェニトーり
Oggi vengono i miei genitori.

今日，両親が来ます。

▶ oggi **095**「今日」　vengono < venire **325**「来る」
genitori は省略可能。

イル　ヴォストろ　バンビーノ　エ　モルト　カりーノ
Il vostro bambino è molto carino!

君たちの赤ちゃんはとてもかわいいね！

▶ vostro **013**「君たちの」　molto **442**「とても」　carino **396**「かわいい」

ミオ　パードれ　エ　インジェニェーれ
Mio padre è ingegnere.

私の父はエンジニアです。

▶ ingegnere「エンジニア」

ミア　マードれ　クチーナ　ベーネ
Mia madre cucina bene.

私の母は料理が上手です。

▶ cucina < cucinare **331**「料理する」　bene **409**「上手に」

ジョーコ　アイ　ヴィデオジョーキ　コン　ミオ　フらテッロ
Gioco ai videogiochi con mio fratello.

兄［弟］とテレビゲームをする。

▶ gioco < giocare **186**「遊ぶ」　videogiochi < videogioco「テレビゲーム」

スア　ソれッラ　ラヴォーら　イヌン　ネゴーツィオ　ディ　アッビッリャメント
Sua sorella lavora in un negozio di abbigliamento.

彼［彼女］の姉［妹］は洋服店で働いています。

▶ lavora < lavorare **281**「働く」　negozio **382**「店」
abbigliamento **366**「衣服」

1回目	年 月 日 ／7	2回目	年 月 日 ／7	3回目	年 月 日 ／7	達成率 4 %

022 フィッリョ

figlio
〔il, un〕

名｜男 息子
- figlio unico「一人息子」
- figliolo「せがれ」

023 フィッリャ

figlia
〔la, una〕

名｜女 娘
- figliola「うちの娘，愛娘」

024 マリート

marito
〔il, un〕

名｜男 夫

025 モッリェ

moglie
〔la, una〕

名｜女 妻

026 ウオーモ

uomo
〔l', un〕

名｜男 男性；人間
- 複数形は gli uomini。
- maschio「男性；雄」

027 ドンナ

donna
〔la, una〕

名｜女 女性
- femmina「女性；雌」

028 アミーコ

amico
〔l', un〕

名｜男 [-a] 友人
- amicizia「友情」
- conoscente「知り合い」

ミオ　フィッリョ　エ　ア　カーサ　ぺる　レ　ヴァカンツェ　エスティーヴェ
Mio [figlio] è a casa per le vacanze estive.

私の息子は夏休みで家にいます。

▶ casa **051**「家」 vacanze ＜ vacanza **070**「休み」 estive ＜ estivo **110**「夏の」

ノストら　フィッリャ　エ　ジャ　スポサータ
Nostra [figlia] è già sposata.

私たちの娘はすでに結婚しています。

▶ già「すでに」 sposata ＜ sposato **418**「結婚した」

ケ　ラヴォーろ　ファ　トゥオ　マリート
Che lavoro fa tuo [marito]?

あなたのご主人はどんな仕事をしているの？

▶ che「どんな」 lavoro **281**「仕事」 fa ＜ fare **183**「する」

ドヴェ　アイ　コノッシュート　トゥア　モッリェ
Dove hai conosciuto tua [moglie]?

どこで君の奥さんと知り合ったの？

▶ dove「どこで」 hai conosciuto ＜ conoscere **405**「知る，知り合う」
《他動詞は avere ＋過去分詞で近過去を作る》

キ　エ　ルオーモ　アッカント　ア　ルーカ
Chi è l'[uomo] accanto a Luca?

ルーカの隣にいる男性は誰ですか。

▶ chi「誰」 accanto a「～の隣」

ドヴェ　イル　れパるト　ディ　アッビッリャメント　ダ　ドンナ
Dov'è il reparto di abbigliamento da [donna]?

女性服売り場はどこですか。

▶ dov'è ＜ dove ＋ essere **037** reparto「売り場」
abbigliamento **366**「衣服」

キアーら　エ　ラ　ミア　ミッリョーれ　アミーカ
Chiara è la mia migliore [amica].

キアーラは私の親友です。

▶ 定冠詞＋ migliore **410**「最もよい」

---

029 らガッツォ
ragazzo
〔il, un〕

名|男 少年；彼氏
- **raga**「《話し言葉》少年，少女 (たち)」
- **fidanzato**「(男性の)婚約者；彼氏」

030 らガッツァ
ragazza
〔la, una〕

名|女 少女；彼女
- **fidanzata**「(女性の)婚約者；彼女」

031 ノンノ
nonno
〔il, un〕

名|男 祖父
- **nonno paterno [materno]**「父方 [母方] の祖父」
- **bisnonno**「曽祖父」

032 ノンナ
nonna
〔la, una〕

名|女 祖母
- **bisnonna**「曽祖母」

033 ズィーオ
zio
〔lo, uno〕

名|男 叔父，伯父
- 複数形は **gli zii**。

034 ズィーア
zia
〔la, una〕

名|女 叔母，伯母

035 クジーノ
cugino
〔il, un〕

名|男 [-a] いとこ

クラウディオ エ ウン らガッツォ アッレグろ エ スィンパーティコ
Claudio è un [ragazzo] allegro e simpatico.

クラウディオは明るく，感じのよい少年です。

▶ allegro「陽気な」 simpatico 049「愛想のよい」

クエッラ らガッツァ エ ディヴェンタータ ウナ ベッラ ドンナ
Quella [ragazza] è diventata una bella donna.

あの少女はきれいな女性になった。

▶ quella < quello「あの」 è diventata < diventare 467「～になる」《essere ＋過去分詞で近過去を作る》 bella < bello 385「きれいな」 donna 027「女性」

ミオ ノンノ ディ セッタンタンニ ラヴォーら アンコーら
Mio [nonno] di 70 (settanta) anni lavora ancora.

私の 70 歳の祖父はまだ働いています。

▶ anni < anno 104「歳」 lavora < lavorare 281「働く」 ancora「まだ」

ミア ノンナ サ クチーれ ベーネ
Mia [nonna] sa cucire bene.

私の祖母は裁縫が上手です。

▶ sa < sapere 406「できる」 cucire「縫う」

ロ ズィーオ ディ ルチーア エ インセニャンテ ディ スパニョーロ
Lo [zio] di Lucia è insegnante di spagnolo.

ルチーアの叔父［伯父］はスペイン語の教師です。

▶ insegnante 153「先生，教師」 spagnolo 133「スペイン語」

ノストら ズィーア アビタ ア スィエーナ
Nostra [zia] abita a Siena.

私たちの叔母［伯母］はシエナに住んでいます。

▶ abita < abitare 485「住む」 a「～に」

ウーノ デイ ミエイ クジーニ パるラ モルト ベーネ リングレーセ
Uno dei miei [cugini] parla molto bene l'inglese.

私のいとこの 1 人は英語をとても上手に話します。

▶ parla < parlare 220「話す」 molto 442「とても」 bene 409「上手に」 inglese 132「英語」《定冠詞なしでも OK》

1回目	年 月 日 ／7	2回目	年 月 日 ／7	3回目	年 月 日 ／7	達成率 7 %

036 □□□
ノーメ

nome
〔il, un〕

名|男 名前
- cognome「苗字」
- nomignolo「愛称」

037 □□□
エッセれ

essere
活用 p.168

自動 〜だ；ある，いる
- 助動詞としても使われる。essere ＋過去分詞で一部の自動詞の複合時制／受動態を作る。

038 □□□
キアマるスィ

chiamarsi
活用 p.181

再帰動 〜という名前である，〜と呼ばれる

039 □□□
スィニョーれ

signore
〔il, un〕

名|男 〜氏，あなた
- 省略形は sig. 名前・肩書きの前では signor となる。

040 □□□
スィニョーら

signora
〔la, una〕

名|女 《基本的に既婚女性に》〜さん，奥さん
- 省略形は sig.ra。

041 □□□
スィニョリーナ

signorina
〔la, una〕

名|女 《基本的に未婚女性に》〜さん，お嬢さん
- 省略形は sig.na。

042 □□□
ぺるソーナ

persona
〔la, una〕

名|女 人《対象者の性に関わらず女性形を用いる》
- personaggio「重要人物」
- personale「個人の；スタッフ」
- personalità「個性；人格」

イル　ノーメ　ディ　クエル　らガッツォ　エ　ジューリオ
Il [nome] di quel ragazzo è Giulio.

あの少年の名前はジューリオです。

▶ **quel** < **quello**「《指示形容詞》あの」

ソーノ　インピエガータ
[Sono] impiegata.

（女性の）会社員です。

▶ **impiegata** < **impiegato**「会社員，サラリーマン」

コメ　ティ　キアーミ　ミ　キアーモ　ジャンニ　マウろ
Come ti [chiami]?—Mi [chiamo] Gianni Mauro.

君の名前は？―私の名前はジャンニ・マウロです。

▶ **come**「どんな，どのような」

スィニョーる　ファッブり　ブオンジョーるノ
[Signor] Fabbri, buongiorno!

ファッブリさん，おはようございます！

▶ **buongiorno**「おはようございます，こんにちは（または **buon giorno**）」

スィニョーら　ポッソ　アイウタるラ
[Signora], posso aiutarLa?

奥さん，どんなご用ですか。

▶ **posso aiutarLa** < **potere aiutare** 490「(手伝いましょうか⇨どんなご用ですか) + **La**（あなたを）」

スィニョリーナ　コサ　デスィーデら
[Signorina], cosa desidera?

お嬢さん，何をお望みですか。

▶ **cosa**「《疑問文で》何」 **desidera** < **desiderare** 400「～がほしい；望む」

スィルヴィオ　エ　ウナ　ブらーヴァ　ぺるソーナ
Silvio è una brava [persona].

シルヴィオはしっかりした人です。

▶ **brava** < **bravo** 303「しっかりした；すぐれた」

043 □ □ □
アヴェーれ
avere
活用 p.168

(他動) 持つ；着用する；
　　　～歳である；飼う
- 助動詞としても使われる。avere ＋過去分詞で複合時制を作る。

044 □ □ □
グらツィエ
grazie

(間投) ありがとう
- grazie mille [tante, infinite]「どうもありがとう」
- ringraziare「感謝する」

045 □ □ □
スクサーれ
scusare
活用 p.174

(他動) 許す
- 《命令形の形で》Scusa.「ごめん」
- 《命令形の形で》Scusi.「すみません」

046 □ □ □
ピアチェーれ
piacere
〔il, un〕

(名|男) 喜び，楽しみ
- 初対面の人に対しての挨拶に用いる。

047 □ □ □
ジェンテ
gente
〔la〕

(名|女) 《単数形として用い》人々
- persona「人」

048 □ □ □
ジェンティーレ
gentile

(形) 親切な
- gentilezza「親切，優しさ」
- gentilmente「親切に，優しく」

049 □ □ □
スィンパーティコ
simpatico
〈-ci; -ca, -che〉

(形) 愛想のよい，面白い
- antipatico「感じの悪い」

オ ウン ディツィオナーりオ ディ イタリアーノ
Ho un dizionario di italiano.

イタリア語の辞書を持っています。

▶ dizionario **170**「辞書」

ぐらツィエ ミッレ ぺる ラ トゥア メイル
Grazie mille per la tua mail!

メールをどうもありがとう！

▶ tua < tuo **010**「あなたの」 mail **278**「メール」

ミ スクースィ タント
Mi **scusi** tanto.

どうもすみません。

▶ mi scusi 「《敬称》ごめんなさい」《親称の場合は scusami》
tanto **442**「とても」

ミ キアーモ ジャンナ ピアチェーれ イル ピアチェーれ エ ミーオ
Mi chiamo Gianna, **piacere**!—Il **piacere** è mio!

私の名前はジャンナです，はじめまして！—こちらこそ！

▶ mi chiamo < chiamarsi **038**「名前は〜です」
il piacere è mio「《挨拶の返答で》こちらこそ」

オンニ マッティーナ アル めるカート チェ タンタ ジェンテ
Ogni mattina al mercato c'è tanta **gente**.

毎朝，市場にはたくさんの人々がいます。

▶ ogni mattina「毎朝」 mercato「市場，マーケット」
tanta < tanto **442**「たくさんの」

ミケーレ エ こるテーセ エ ジェンティーレ
Michele è cortese e **gentile**.

ミケーレは礼儀正しくて親切です。

▶ cortese「礼儀正しい」 e「そして」

イ ノストり ヌオーヴィ ヴィチーニ ソーノ モルト スィンパーティチ
I nostri nuovi vicini sono molto **simpatici**.

私たちの新しい隣人はとても感じがよいです。

▶ nuovi < nuovo **240**「新しい」 vicini < vicino **259**「隣人」

---

050 □ □ □
ヴィータ
vita
〔la, una〕

名｜女 生活；命；人生
- vivere「生活する，生きる」

051 □ □ □
カーサ
casa
〔la, una〕

名｜女 家
- casa di riposo「老人ホーム」
- abitazione「住まい」
- casalinga「主婦」

052 □ □ □
アッパるタメント
appartamento
〔l', un〕

名｜男 《集合住宅の1居住区画》マンション
- condominio「(建物全体を指して)マンション」

053 □ □ □
カーメら
camera
〔la, una〕

名｜女 部屋
- camera da letto「寝室」
- stanza「部屋」

054 □ □ □
ピアーノ
piano
〔il, un〕

名｜男 階
- piano terra「1 階」
- piano sotterraneo「地階」
- ultimo piano「最上階」

055 □ □ □
ジャるディーノ
giardino
〔il, un〕

名｜男 庭
- giardinaggio「ガーデニング」
- giardiniere[-a]「庭師」

056 □ □ □
キアーヴェ
chiave
〔la, una〕

名｜女 鍵
- serratura「錠」

ヴィ　アウグろ　ウナ　ヴィータ　フェリーチェ
Vi auguro una [vita] felice!

あなたたちの幸せな生活を願っています！

▶ vi「あなたたちに」auguro < augurare **431**「願う」felice **268**「幸せな」

ヴェニーテ　ア　カーサ　ミーア　ア　チェナーれ
Venite a [casa] mia a cenare!

夕食を食べに私の家に来てよ！

▶ venite < venire **325**の勧誘を示す命令法2人称複数形「来る」
cenare **340**「夕食をとる」

イル　スオ　アッパるタメント　エ　アル　セコンド　ピアーノ
Il suo [appartamento] è al secondo piano.

彼［彼女］のマンションは3階です。

▶ suo **011**「彼［彼女］の」secondo piano「3階」

アヴェーテ　ウナ　カーメら　リーべら　ぺる　クエスタ　ノッテ
Avete una [camera] libera per questa notte?

今晩，空いてる部屋はありますか。

▶ avete < avere **043**「〜がある」libera < libero **227**「空いている」
questa notte「今晩」

アビティアーモ　アル　プ리モ　ピアーノ
Abitiamo al primo [piano].

私たちは2階に住んでいます。

▶ abitiamo < abitare **485**「住む」primo piano「2階」

オッジ　オ　クらート　イル　ジャるディーノ
Oggi ho curato il [giardino].

今日，庭の手入れをしました。

▶ oggi **095**「今日」ho curato < curare「手入れをする」

ドヴェ　フィニータ　ラ　ミア　キアーヴェ
Dov'è finita la mia [chiave]?

私の鍵はどこにいった？

▶ dove「どこで［に］」è finita < finire **464**「なくなる，消える」

| 1回目 | 年 月 日 ／7 | 2回目 | 年 月 日 ／7 | 3回目 | 年 月 日 ／7 | 達成率 11 % |

25

057

レット

letto
〔il, un〕

名|男 ベッド
- camera da letto「寝室」

058

ターヴォラ

tavola
〔la, una〕

名|女 テーブル，食卓
- tavolo「台；テーブル」
- tavolino「小テーブル」

059

セーディア

sedia
〔la, una〕

名|女 椅子
- divano「ソファー」
- poltrona「肘掛け椅子」
- sgabello「丸椅子」

060

パれーテ

parete
〔la, una〕

名|女 壁，内壁
- muro「壁，外壁」

061

ポるタ

porta
〔la, una〕

名|女 ドア
- sportello「（乗り物の）ドア」

062

フィネストら

finestra
〔la, una〕

名|女 窓
- finestrino「小窓」

063

スカーラ

scala
〔la, una〕

名|女 階段
- scala mobile「エスカレーター」
- scala di emergenza「非常階段」

Non dormire sul divano! Vai a [letto]!
ノン ドるミーれ スル ディヴァーノ ヴァイ ア レット

ソファーで寝ないで！ ベッドに行って！

▶ dormire **143**「寝る」《non ＋不定詞で命令法 2 人称単数形の否定の形を作る》
divano **059**「ソファー」 vai ＜ andare **323** の命令法 2 人称単数形「行く」

スィニョーり ア ターヴォラ
Signori, a [tavola]!

みなさん，食事の用意ができましたよ！

▶ signori「《signore の複数で呼び掛け》みなさん」

スィエーディティ ス クエッラ セーディア
Siediti su quella [sedia]!

そちらの椅子に座ってね。

▶ siediti ＜ sedersi の命令法 2 人称単数形「座る」

チ ソーノ デイ クアードり スッラ パれーテ
Ci sono dei quadri sulla [parete].

壁にいくつかの絵があります。

▶ ci sono ＜ esserci の複数形「～がある」 dei「《部分冠詞》いくつかの」
quadri ＜ quadro **168**「（額に入った）絵」

ミケーレ キウーディ ラ ぽるタ ぺる ファヴォーれ
Michele, chiudi la [porta] per favore!

ミケーレ，ドアを閉めてちょうだい。

▶ chiudi ＜ chiudere **493** の命令法 2 人称単数形「閉める」
per favore「～してください」

エ アぺるタ ラ フィネストら
È aperta la [finestra].

窓が開いています。

▶ aperta ＜ aperto **492**「開いた」

オ サリート レ スカーレ エ ソーノ サリータ スル トれーノ
Ho salito le [scale] e sono salita sul treno.

階段を登って，電車に乗りました。

▶ salito ＜ salire **480**《ho salito は他動詞，sono salita は自動詞，-a で終わっているので，この場合主語は女性》「登る；乗る」 treno **316**「電車」

064
モンド
mondo
〔il, un〕

名|男 世界
- mondiale「世界の」

065
チッター
città
〔la, una〕

名|女 町，街
- villaggio「村」
- quartiere「地区」
- periferia「郊外」

066
カピターレ
capitale
〔la, una〕

名|女 首都
- capoluogo「州都；県庁所在地」

067
れジョーネ
regione
〔la, una〕

名|女 州；地方
- città metropolitana「大都市」
- provincia「県」
- comune「市町村」

068
チェントロ
centro
〔il, un〕

名|男 中心，中央；中心地
- centro storico「歴史的地区；旧市街」

069
パエーセ
paese
〔il, un〕

名|男 町，村；田舎；
《しばしば大文字始まりで》国
- paesano「田舎［地方］の；[-a] 田舎［地方］の人」

070
ヴァカンツァ
vacanza
〔la, una〕

名|女 バカンス，休み
- ferie「《複数形で》休暇」
- riposo「休息，休み」

ウナ　ヴォルタ　オ　ヴィアッジャート　ぺる　トゥット　イル　モンド
Una volta ho viaggiato per tutto il $\boxed{\text{mondo}}$.

かつて世界中を旅したことがある。

▶ **una volta**「かつて」 **ho viaggiato** < **viaggiare** 138「《自動詞》旅行する」
tutto il mondo「世界中」

ラ　チッター　ディ　トリーノ　スィ　トローヴァ　イン　ピエモンテ
La $\boxed{\text{città}}$ di Torino si trova in Piemonte.

トリノの街はピエモンテ州にあります。

▶ **si trova** < **trovarsi** 486「〜にいる，ある」

ラ　カピターレ　デッリターリア　エ　ろーマ
La $\boxed{\text{capitale}}$ dell'Italia è Roma.

イタリアの首都はローマです。

▶ **è** < **essere** 037「〜だ」

イル　ヌメろ　デッレ　れジョーニ　イタリアーネ　エ　ヴェンティ
Il numero delle $\boxed{\text{regioni}}$ italiane è venti.

イタリアの州の数は 20 です。

▶ **numero** 275「数」 **italiane** < **italiano** 127「イタリアの」

ラルべるゴ　エ　アル　チェントろ　デッラ　チッター
L'albergo è al $\boxed{\text{centro}}$ della città.

ホテルは町の中心にあります。

▶ **albergo** 141「ホテル」 **città** 065「町」

アビト　イヌン　ピッコロ　パエーセ
Abito in un piccolo $\boxed{\text{paese}}$.

小さな町に住んでいます。

▶ **abito** < **abitare** 485「住む」 **piccolo** 246「小さい」

クエステスターテ　ヴァード　イン　ヴァカンツァ　イン　グれーチャ
Quest'estate vado in $\boxed{\text{vacanza}}$ in Grecia.

この夏，ギリシャにバカンスに行きます。

▶ **estate** 110「夏」 **vado** < **andare** 323「行く」 **Grecia**「ギリシャ」

1回目	年 月 日 ／7	2回目	年 月 日 ／7	3回目	年 月 日 ／7	達成率 14 %

071 □ □ □
ルネ**デ**ィー
lunedì
〔il, un〕

名│男 無変化 月曜日
- 曜日に冠詞が付くと「毎週〜」となる。
- **gi̱orno feri̱ale**「平日」

072 □ □ □
まるて**デ**ィー
martedì
〔il, un〕

名│男 無変化 火曜日

073 □ □ □
めるこレ**デ**ィー
mercoledì
〔il, un〕

名│男 無変化 水曜日

074 □ □ □
ジョヴェ**デ**ィー
giovedì
〔il, un〕

名│男 無変化 木曜日

075 □ □ □
ヴェネる**デ**ィー
venerdì
〔il, un〕

名│男 無変化 金曜日

076 □ □ □
サバト
sa̱bato
〔il, un〕

名│男 土曜日

077 □ □ □
ド**メ**ニカ
dome̱nica
〔la, una〕

名│女 日曜日
- **gi̱orno festi̱vo**「祝日」
- **fe̱sta nazion̲ale**「祝祭日」

11

イル　ルネディー　　ノン　　ラヴォーろ
Il [lunedì] non lavoro.

毎週月曜日は仕事がありません。

▶ il lunedì「毎週月曜日」＝ ogni lunedì, tutti i lunedì, di lunedì
　lavoro ＜ lavorare 281「働く」

まるテディー　　セーら　　ソーノ　　リーべろ
[Martedì] sera sono libero.

火曜の夜は空いています。

▶ sera 102「夕方，夜」 libero 227「空いている」

オンニ　　メるコレディー　　フレクエント　　ウン　　コるソ　ディ　ヨーガ
Ogni [mercoledì] frequento un corso di yoga.

毎週水曜日にヨガのレッスンに通っています。

▶ ogni「毎〜」 frequento ＜ frequentare 148「通う」 corso 155「講座:授業」

トゥッティ イ ジョヴェディー　　トるノ　ア　カーサ　　プれスト
Tutti i [giovedì] torno a casa presto.

毎週木曜日は家に早く帰ります。

▶ torno ＜ tornare 326「帰る」 a「〜に」 casa 051「家」 presto 444「早く」

ア　ヴェネるディー
A [venerdì]!

金曜日にね！

▶ a ＋曜日「〜曜日に」

ディ　　サバト　　ノン　チェ　スクオーら
Di [sabato] non c'è scuola.

毎週土曜日は学校はありません。

▶ di sabato「毎週土曜日」 scuola 148「学校」

ファッチャーモ　　ウナ　フェスタ　ラ　プろッスィマ　　　ドメニカ
Facciamo una festa la prossima [domenica]!

次の日曜日，パーティをしましょう！

▶ facciamo ＜ fare 183の勧誘を示す命令法 1 人称複数形「〜をする」
　la prossima domenica「次の日曜日」＝ domenica prossima

078 ジェン**ナ**イオ
gennaio
〔il, un〕
名｜男 1月

079 フェッブ**ら**イオ
febbraio
〔il, un〕
名｜男 2月

080 **マ**るツォ
marzo
〔il, un〕
名｜男 3月

081 アプ**リ**ーレ
aprile
〔l', un〕
名｜男 4月

082 **マ**ッジョ
maggio
〔il, un〕
名｜男 5月

083 ジュー**ニ**ョ
giugno
〔il, un〕
名｜男 6月

084 **ル**ッリョ
luglio
〔il, un〕
名｜男 7月

12

イル ミオ コンプレアンノ エ イン ジェンナイオ
Il mio compleanno è in* [gennaio].

私の誕生日は1月です。

▶ compleanno **435**「誕生日」 * in は a にしてもよい。

ソーノ ナータ イン フェッブらイオ
Sono nata in* [febbraio].

2月に生まれました。

▶ sono nata < nascere **307**「生まれる」 * in は a にしてもよい。

ア まるツォ ファッチョ ウン ヴィアッジョ イニターリア
A [marzo] faccio un viaggio in Italia.

3月にイタリアを旅行します。

▶ faccio < fare un viaggio in「～を旅行する」

イ チリエージ ソーノ イン フィオーれ アッリニーツィオ ディ アプリーレ
I ciliegi sono in fiore all'inizio di [aprile].

桜は4月の初めに満開です。

▶ ciliegi < ciliegio「桜の木」 sono < essere in fiore「満開になる」
all'inizio di「～の初めに」

アンケ イニターリア イル チンクエ マッジョ エ ラフェスタ デイ バンビーニ
Anche in Italia il 5(cinque) [maggio] **è la festa dei bambini.**

イタリアでも5月5日は子どもの日です。

▶ festa **437**「祝祭日」 dei < di＋i「～の」 bambini < bambino **017**「子ども」

イン ジャッポーネ ア ジューニョ ピオーヴェ センプれ
In Giappone a [giugno] piove sempre.

日本では6月はいつも雨が降ります。

▶ piove < piovere **121**「雨が降る」 sempre「いつも」

ア ルッリョ ポッスィアーモ ヌオターれ ネル マーれ
A [luglio] possiamo nuotare nel mare.

7月には海で泳げます。

▶ possiamo < potere **401**「～できる」 nuotare **189**「泳ぐ」 mare **192**「海」

1回目	年 月 日 ／7	2回目	年 月 日 ／7	3回目	年 月 日 ／7	達成率 16 %

文法復習① あいさつ
I saluti

チャオ **ciao**	「やあ；じゃあ，バイバイ」
サルヴェ **salve**	「やあ，こんにちは」 ＊親しい表現と丁寧な表現の中間的な表現として用い，初対面の人にも使います。
ブオンジョルノ **buongiorno**	「《朝から午後早い時間に》こんにちは，おはよう；さようなら」
ブオナ ジョるナータ **buona giornata**	「《日中に》よい一日を」
ブオナセーら **buonasera**	「《午後遅い時間から夜に》こんばんは；さようなら」
ブオナ せらータ **buona serata**	「《夕方に》よい夜を」
ブオナノッテ **buonanotte**	「お休みなさい」
アッリヴェデるチ **arrivederci**	「さようなら，ではまた」
アッリヴェデるラ **arrivederla**	「《敬称 Lei を使う相手に対し》さようなら，ではまた」
スィニョーれ **signore**	「～さん，～様，～氏」 ＊男性に用い，名前・肩書きの前では語尾が切断され，signor となります。例）Signor Rossi「ロッシさん」
スィニョーら **signora**	「～さん，～様，～夫人」 ＊基本は既婚女性に用いるが，最近では30代以降の未婚女性にも signora を使い，明らかに若い女性に対しては signorina を使う傾向があるようです。
スィニョリーナ **signorina**	「～さん，～様，～嬢」＊年齢に関係なく未婚女性に用います。

出会いのあいさつ　　　　　　　　　**別れのあいさつ**

友だちや家族に

Ciao.　　　　　　　　　　　　　　　　Ciao.
Salve.　　　　　　　　　　　　　　　　Buongiorno.
Buongiorno.　　どちらにも　　　　Buona giornata.
Buonasera.　　　　　　　　　　　　　Buonasera.
Buonanotte.　　　　　　　　　　　　Buona serata.
　　　　　　　　　　　　　　　　　　　Buonanotte.
　　　　　　　　　　　　　　　　　　　Arrivederci.

丁寧な話し方

Arrivederla.
＊敬称 Lei を使う相手に。

◆ Baci

イタリアでは親しい間柄では，男性女性，年齢にかかわらず出会ったとき，別れのときに，お互いの頬を交互に合わせて「チュッ」と音を立てます。これが baci（キスの複数形）といわれる挨拶です。

バーチ

		直接補語（〜を）		間接補語（〜に）	
	主語	非強勢形	強勢形	非強勢形	強勢形
私／僕	io	mi	me	mi	a me
あなた／君《親称》	tu	ti	te	ti	a te
彼	lui	lo	lui	gli	a lui
彼女／あなた《敬称》	lei	la	lei	le	a lei
私たち	noi	ci	noi	ci	a noi
君たち／あなたたち	voi	vi	voi	vi	a voi
彼ら	loro	li	loro	loro	loro／a loro
彼女ら	loro	le	loro	loro	loro／a loro

人称代名詞

＊ 敬称のあなたで使用する場合は，手紙やメールなどでは Lei，La，Le などと文中でも大文字で記すことがあります。

発音と読み方①

● イタリア語では《h》は一部の外来語を除き発音しません。avere の活用形の ho，hai，ha，hanno は，接続詞の o，冠詞前置詞の ai，前置詞の a，名詞の anno と区別するために h（アッカ）が用いられています。

→ ho「avere の 1 人称単数形」，hotel「ホテル」

オ　　　　　　　　　　　　　　　　　　　　　　　　オテル

085 □
□
□
アゴースト
agosto
〔l', un〕
名|男 8 月

086 □
□
□
セッテンブれ
settembre
〔il, un〕
名|男 9 月

087 □
□
□
オットーブれ
ottobre
〔l', un〕
名|男 10 月

088 □
□
□
ノヴェンブれ
novembre
〔il, un〕
名|男 11 月

089 □
□
□
ディチェンブれ
dicembre
〔il, un〕
名|男 12 月

090 □
□
□
メーセ
mese
〔il, un〕
名|男 月
▪ mensile「1 か月の；月刊誌」

091 □
□
□
セッティマーナ
settimana
〔la, una〕
名|女 週，1 週間
▪ settimanale「1 週間の；週刊誌」

13

アダゴースト　ファ　モルト　カルド
Ad agosto fa molto caldo.

8月はとても暑いです。

▶ **fa** < **fare** 183「《非人称で天候を示し》〜である」 **caldo** 123「暑い」

イン　ジャッポーネ　ア　セッテンブれ　アッリーヴァノ　タンティ ティフォーニ
In Giappone a settembre arrivano tanti tifoni.

日本には9月にたくさんの台風が来ます。

▶ **Giappone** 128「日本」 **arrivano** < **arrivare** 328「着く」
tifoni < **tifone**「台風」

ア　メター　ディ　オットーブれ　トるノ　ア　トーキョ
A metà (di) ottobre torno a Tokyo.

10月中旬に東京に戻ります。

▶ **a metà (di)**「〜の中頃」 **torno** < **tornare** 326「帰る」

アビト　クア　ダル　プリモ　ノヴェンブれ
Abito qua dal primo novembre.

11月1日からここに住んでいます。

▶ **abito** < **abitare** 485「住む」 **qua**「ここに」(= **qui**) **dal** < **da** + **il**「〜から」

イル　ヴェンティチンクエ　ディチェンブれ　エ　ナターレ
Il 25 (venticinque) **dicembre è Natale!**

12月25日はクリスマスです。

▶ **Natale**「《大文字で》クリスマス」

ぺる　トれ　メースィ　ソーノ　スタータ　ア　フィれンツェ
Per tre mesi sono stata a Firenze.

3か月間，フィレンツェにいました。

▶ **per tre mesi**「3か月間」 **sono stata** < **stare** 399「いる」《過去分詞は主語の性・数に合わせて変化する》

ラ　プろッスィマ　セッティマーナ　ヴァード　イン フェーりエ
La prossima settimana vado in ferie.

来週，休暇をとります。

▶ **la prossima settimana**「来週」
vado < **andare in ferie**「休暇をとる」

092 ジョるノ
giorno
〔il, un〕

名|男 一日，日中
- tutti i giorni「毎日」(=ogni giorno)
- tutto il giorno「一日中」

093 ジョるナータ
giornata
〔la, una〕

名|女 日中，一日
- Buona giornata!「良い一日を！」

094 アデッソ
adesso

副 今
- ora「今；時間，時刻」
- al [in questo] momento「今」

095 オッジ
oggi

副 今日

096 ドマーニ
domani

副 明日
- dopodomani「明後日」

097 イエーり
ieri

副 昨日
- l'altro ieri「一昨日」

098 フィーネ　セッティマーナ
fine settimana
〔il, un〕

名詞句|男 週末
= finesettimana, weekend

オンニ　ジョるノ　ステファーニア　スオーナ　イル　ピアノフォるテ
Ogni giorno Stefania suona il pianoforte.

ステファーニアは毎日，ピアノを弾きます。

▶ ogni giorno「毎日」 suona < suonare 174「弾く」

ラ　スィニョーら　ズィンガれッリ　エ　スタータ　ア　カーサ　トゥッタ　ラ　ジョるナータ
La signora Zingarelli è stata a casa tutta la giornata.

ズィンガレッリ夫人は日中ずっと家にいました。

▶ è stata < stare 399「いる」 tutta la giornata「日中ずっと」

スクーサ　アデッソ　ソーノ　オックパート
Scusa, adesso sono occupato.

ごめん，今忙しいんだ。

▶ scusa 045「ごめん」 occupato 226「忙しい」

オッジ　エ　イル　コンプレアンノ　ディ　ミア　マードれ
Oggi è il compleanno di mia madre.

今日は私の母の誕生日です。

▶ compleanno 435「誕生日」 madre 019「母」

ア　ドマーニ
A domani!

明日また会いましょう！

▶ a「〜に」

ケ　コサ　アイ　ファット　イエーり
Che cosa hai fatto ieri?

昨日，何したの？

▶ che cosa「《疑問文で》何」 hai fatto < fare 183「する」

チ　ヴェディアーモ　クエスト　フィーネ　セッティマーナ
Ci vediamo questo fine settimana!

週末に会いましょう！

▶ ci vediamo < vedersi の勧誘を示す命令法 1 人称複数形「(お互いが)会う」

| 1回目 | 年 月 日 ／7 | 2回目 | 年 月 日 ／7 | 3回目 | 年 月 日 ／7 | 達成率 **19 %** |

099 □
□
□

マッティーナ

mattina
〔la, una〕

名|女 朝，午前
・ mattino「朝，早朝」

100 □
□
□

メッゾ**ジョ**るノ

mezzogiorno
〔il, un〕

名|男 正午
・ mezzanotte「午前 0 時，真夜中」

101 □
□
□

ポメ**リ**ッジョ

pomeriggio
〔il, un〕

名|男 午後
・ pomeridiano「午後の」

102 □
□
□

せーら

sera
〔la, una〕

名|女 夕方，夜 《就寝までの時間》
・ serata「夕べ，晩」

103 □
□
□

ノッテ

notte
〔la, una〕

名|女 夜，深夜

104 □
□
□

アンノ

anno
〔l', un〕

名|男 年，歳
・ annuale「例年の，毎年恒例の」

105 □
□
□

テンポ

tempo
〔il, un〕

名|男 時間
・ tempo には「天気」119 の意味もある。

ディ ソーリト ラ マッティーナ レイ ファ レ プリツィーエ
Di solito la [mattina] lei fa le pulizie.

通常は午前中に彼女は掃除をします。

▶ di solito「ふだんは」 fa < fare le pulizie「掃除をする」

プランツィアーモ インスィエーメ ドマーニ ア メッゾジョるノ
Pranziamo insieme domani a [mezzogiorno]!

明日のお昼，一緒にランチをしましょう。

▶ pranziamo < pranzare の勧誘を示す命令法1人称複数形 339「昼食をとる」 insieme「一緒に」 domani 096「明日」

ポッスィアーモ ヴェデるチ オッジ ポメリッジョ
Possiamo vederci oggi [pomeriggio]?

今日の午後，会えますか。

▶ possiamo < potere 401「～できる」 vederci < vedersi「（お互いが）会う」 oggi pomeriggio「今日の午後」

オッジ トるノ ア タるダ セーら
Oggi torno a tarda [sera].

今日は夜遅くに帰ります。

▶ oggi 095「今日」 torno < tornare 326「帰る」 tarda < tardo「遅い」

イエーり ソーノ とるナート アッレ ドゥエ ディ ノッテ
Ieri sono tornato alle 2 (due) **di [notte].**

昨日は深夜2時に帰りました。

▶ ieri 097「昨日」 sono tornato < tornare 326「帰る」《essere＋過去分詞で近過去を作る》

ランノ プろッスィモ ヴォッれイ アンダーれ イン スィチーリア
L'[anno] prossimo vorrei andare in Sicilia.

来年シチリアに行きたいです。

▶ prossimo 453「次の」 vorrei < volere の条件法現在1人称単数形 400「～したい」 andare 323「行く」

ノノ テンポ リーベろ
Non ho [tempo] libero.

暇な時間がない。

▶ ho < avere 043「～がある」 tempo libero「余暇」

1回目	年 月 日 ／7	2回目	年 月 日 ／7	3回目	年 月 日 ／7	達成率 21 %

41

106 □□□
オーら
ora
〔l', un'〕

名|女 〜時；今
- orario「時間；スケジュール」

107 □□□
ミヌート
minuto
〔il, un〕

名|男 〜分
- secondo「〜秒」
- momento「瞬間，一瞬」

108 □□□
スタジョーネ
stagione
〔la, una〕

名|女 季節
- quattro stagioni「四季」

109 □□□
プりマヴェーら
primavera
〔la, una〕

名|女 春
- primaverile「春の」

110 □□□
エスターテ
estate
〔l', un'〕

名|女 夏
- estivo「夏の」

111 □□□
アウトゥンノ
autunno
〔l', un〕

名|男 秋
- autunnale「秋の」

112 □□□
インヴェるノ
inverno
〔l', un〕

名|男 冬
- invernale「冬の」

ケ　オーら　エ［オーれ　ソーノ］　　　ソーノ　レ　セッテ
Che ora è [ore sono]?—Sono le 7 (sette).

何時ですか。―7時です。

▶ che「何の」

イル　トれーノ　パるテ　フら　ディエチ　ミヌーティ
Il treno parte fra 10 (dieci) **minuti**.

列車は 10 分後に出発します。

▶ treno **316**「列車」 parte < partire **327**「出発する」 fra「～後」

フら　ポーコ　アッリーヴァ　ラ　スタジョーネ　デッレ　ピオッジェ
Fra poco arriva la stagione delle piogge.

間もなく，梅雨［雨季］がやってきます。

▶ fra poco「間もなく」 arriva < arrivare **328**「着く」
piogge < pioggia **121**「雨」

スィアーモ　ジャ　イン　プりマヴェーら　マ　ファ　モルト　フれッド
Siamo già in primavera, ma fa molto freddo.

すでに春ですが，とても寒いです。

▶ siamo < essere **037**「～にいる」 già「すでに」
fa < fare《非人称で天候を示し》～である」 freddo **125**「寒い」

クエステスターテ　アンディアーモ　イン　さるデーニャ
Quest'estate andiamo in Sardegna.

この夏私たちはサルデーニャに行きます。

▶ andiamo < andare **323**「行く」 in「～に」

オンニ　アウトゥンノ　ヴァード　ぺる　フンギ　コン　リ　アミーチ
Ogni autunno vado per funghi con gli amici.

毎秋，友人たちときのこ狩りに行きます。

▶ vado < andare per funghi「きのこ狩りに行く」
amici < amico **028**「友人」

ディンヴェるノ　トるノ　アル　ミオ　パエーセ
D'inverno torno al mio paese.

冬には自分の田舎に帰ります。

▶ d'inverno < di inverno「冬に (= in inverno)」
torno < tornare **326**「帰る」 paese **069**「田舎」

1回目	年 月 日 ／7	2回目	年 月 日 ／7	3回目	年 月 日 ／7	達成率 22 %

43

113 □
□
□
エストゥ
est
〔l'〕

名｜男 東
- oriente「東」
- orientale「東の；東洋の」

114 □
□
□
オヴェストゥ
ovest
〔l'〕

名｜男 西
- occidente「西」
- occidentale「西の；西洋の」

115 □
□
□
スッドゥ
sud
〔il〕

名｜男 南
- meridione「南」
- meridionale「南の」

116 □
□
□
ノるドゥ
nord
〔il〕

名｜男 北
- settentrione「北」
- settentrionale「北の」

117 □
□
□
テッら
terra
〔la, una〕

名｜女 大地；土地；
《しばしば大文字始まりで》地球
- terrestre「地球の；地球人」
- terra ferma「大陸」

118 □
□
□
アーりア
aria
〔l', un'〕

名｜女 空気，大気；様子
- vento「風」

119 □
□
□
テンポ
tempo
〔il, un〕

名｜男 天気
- tempo は「時間」105 の意味もある。

イル　ヴェネト　エ　ア　エストゥ　デッラ　　ロンバるディーア
Il Veneto è a [est] della Lombardia.

ヴェネト州はロンバルディア州の東にあります。

▶ **è** < **essere** 037「～(に)ある」+ **a**

イル ソーレ　ソるジェ　アデストゥ　エ　　　とらモンタ　　アドーヴェストゥ
Il sole sorge ad est e tramonta ad [ovest].

太陽は東から昇って西に沈みます。

▶ **sole** 120「太陽」 **sorge** < **sorgere**「昇る」
tramonta < **tramontare**「沈む」

オ　　ファット　ウン　ヴィアッジョ　ネル　スッドゥ　デッラ　　スパーニャ
Ho fatto un viaggio nel [Sud] della Spagna.

南スペインへ旅行に行きました。

▶ **viaggio** 138「旅行」 **Spagna** 133「スペイン」

オッジ　ネッレ　れジョーニ　デル　ノるドゥ　ファ　モルト　　フれッド
Oggi nelle regioni del [Nord] fa molto freddo.

今日は北部の州ではとても寒い。

▶ **oggi** 095「今日」 **regioni** < **regione** 067「州」
fa < **fare freddo** 125「寒い」

ラ　ルーナ　ジーら　アットるノ　アッラ　　テッら
La Luna gira attorno alla [Terra].

月は地球の周囲を回る。

▶ **Luna** 120「月」 **gira** < **girare** 476「回る」 **attorno**「周りに」

オッジ　ラーリア　エ　モルト　　フれッダ
Oggi l'[aria] è molto fredda.

今日は空気がとても冷たいです。

▶ **oggi** 095「今日」 **molto** 442「とても」 **fredda** < **freddo** 125「冷たい」

ケ　　テンポ　ファ オッジ
Che [tempo] fa oggi?

今日はどんな天気ですか。

▶ **che**「どんな」 **fa** < **fare** 183「《天候を示して》～である」

120 ソーレ

sole
〔il〕

名|男 日，太陽；《しばしば大文字始まりで》（天文学的）太陽
- solare「太陽の」
- luna「月」

121 ピオーヴェれ

piovere
活用 p.177

非人動 雨が降る
- pioggia「雨」

122 ネヴィカーれ

nevicare
活用 p.172

非人動 雪が降る
- neve「雪」

123 カルド

caldo
〔il, un〕

形 暑い；暖かい
名|男 暑さ

124 フれスコ

fresco
〈-chi; -ca, -che〉〔il, un〕

形 涼しい
名|男 涼しさ
- freschezza「涼しさ」

125 フれッド

freddo
〔il, un〕

形 寒い；冷たい
名|男 寒さ
- gelo「凍り付くような寒さ」
- gelido「ひどく冷たい [寒い]」

126 フオーコ

fuoco
〔il, un〕

名|男 火；火事
- vigile del fuoco「消防士」
- autopompa「消防車」

オッジ チェ イル ソーレ
Oggi c'è il [sole].

今日は晴れています。

▶ c'è < esserci「～がある」

コンティーヌア ア ピオーヴェれ ダ イエーり ノッテ
Continua a [piovere] da ieri notte.

昨日の夜から雨が降り続いています。

▶ continua < continuare「続く」 da ieri notte「昨夜から」

イニンヴェるノ オンニ タント ネヴィカ イン クエスタ チッター
In inverno ogni tanto [nevica] in questa città.

冬には，時折この町に雪が降ります。

▶ inverno 112「冬」 ogni tanto「時々」 città 065「町」

ファ トロッポ カルド
Fa troppo [caldo].

あまりにも暑すぎる。

▶ fa < fare《非人称で天候を示し》～である」 troppo 457「あまりにも」

オッジ チェ イル ソーレ マ イル ヴェント エ フれスコ
Oggi c'è il sole ma il vento è [fresco].

今日は日が差していますが，風は涼しいです。

▶ oggi 095「今日」 sole 120「太陽」 vento 118「風」

ラックア デル マーれ エ フれッダ
L'acqua del mare è [fredda].

海の水は冷たいです。

▶ acqua 357「水」 mare 192「海」

アル フオーコ スカッパーテ トゥッティ ヴィーア
Al [fuoco]! Scappate tutti! Via!

火事だ！ みんな逃げて！ さあ！

▶ scappate < scappareの命令法 2人称複数形「逃げる」
tutti < tutto 451「全員」 via「さあ」

1回目	年 月 日 /7	2回目	年 月 日 /7	3回目	年 月 日 /7	達成率 25 %

127 □□□
イターリア
Italia
〔l'〕

名｜女 イタリア
- italiano「イタリアの；[-a] イタリア人；イタリア語」
- il Bel Paese「美しい国《イタリア》」

128 □□□
ジャッポーネ
Giappone
〔il〕

名｜男 日本
- giapponese「日本の；日本人；日本語」
- nipponico「日本の」
- il Sol Levante「日出づる国《日本》」

129 □□□
ズヴィッツェら
Svizzera
〔la〕

名｜女 スイス
- svizzero「スイスの；[-a] スイス人」

130 □□□
フらンチャ
Francia
〔la〕

名｜女 フランス
- francese「フランスの；フランス人；フランス語」

131 □□□
ジェるマーニア
Germania
〔la〕

名｜女 ドイツ
- tedesco「ドイツの；[-a] ドイツ人；ドイツ語」

132 □□□
インギルテッら
Inghilterra
〔l'〕

名｜女 イギリス
- inglese「イギリスの；イギリス人；英語」

133 □□□
スパーニャ
Spagna
〔la〕

名｜女 スペイン
- spagnolo「スペインの；[-a] スペイン人；スペイン語」

19

ティ ピアーチェ リターリア
Ti piace l'Italia?

イタリアは好き？

▶ piace < piacere 404「好みである」

マるコ ヴィーヴェ イン ジャッポーネ
Marco vive in Giappone.

マルコは日本に住んでいます。

▶ vive < vivere 050「生活する」

レ リングエ ウッフィチャーリ デッラ ズヴィッツェら ソーノ クアットろ
Le lingue ufficiali della Svizzera sono quattro.

スイスの公用語は４つです。

▶ lingue ufficiali < lingua ufficiale「公用語」

パりージ エ ラ カピターレ デッラ フらンチャ
Parigi è la capitale della Francia.

パリはフランスの首都です。

▶ Parigi「パリ」 capitale 066「首都」

ノノ マイ ヴィスィタート ラ ジェるマーニア
Non ho mai visitato la Germania.

ドイツを一度も訪れたことがありません。

▶ mai「一度もない」 ho visitato < visitare 139「訪れる」

リンギルテッら エ ウッシータ ダッルニオーネ エウろペーア
L'Inghilterra è uscita dall'Unione Europea.

イギリスは欧州連合から離脱した。

▶ è uscita < uscire 479「出る」 Unione Europea「欧州連合，EU」

ミア フィッリャ ラヴォーら イン スパーニャ
Mia figlia lavora in Spagna.

私の娘はスペインで働いています。

▶ figlia 023「娘」 lavora < lavorare 281「働く」

| 1回目 | 年 月 日 ／7 | 2回目 | 年 月 日 ／7 | 3回目 | 年 月 日 ／7 | 達成率 26 % |

134

スターティ ウニーティ ダメーりカ

Stati Uniti (d'America)
〔gli〕

名|男・複 アメリカ合衆国
- statunitense/americano「アメリカの；[-a] アメリカ人」

135

チーナ

Cina
〔la〕

名|女 中国
- cinese「中国の；中国人；中国語」

136

ナツィオナリター

nazionalità
〔la, una〕

名|女 無変化 国籍
- nazione「国，国家；国民」
- stato「国；身分；状態」
- paese「国」

137

インコントらーれ

incontrare
活用 p.171

他動 出会う
- incontro「出会い」

138

ヴィアッジャーれ

viaggiare
活用 p.175

自動 旅行する
- viaggio「旅，旅行」

139

ヴィスィターれ

visitare
活用 p.175

他動 訪問する；診察する
- visita「見物；診察」

140

パッサポるト

passaporto
〔il, un〕

名|男 パスポート
- documento di identità「身分証明書」

20

ヴァド　スペッソ　ネッリ　スターティ ウニーティ　ぺる　ラヴォーロ
Vado spesso negli Stati Uniti per lavoro.

仕事でよくアメリカに行きます。

▶ vado < andare **323**「行く」 spesso「しばしば」 per lavoro「仕事で」

クエスト　プロドット　エ スタート　ファッブリカート　イン　チーナ
Questo prodotto è stato fabbricato in Cina.

この製品は中国で製造されました。

▶ questo「この」 prodotto「製品」
è stato fabbricato < fabbricare の受動態過去形「製造する」

ディ　ケ　ナツィオナリター　セイ
Di che nazionalità sei?

国籍はどこですか。

▶ che「どんな」

スタマッティーナ　オ　インコントらート　パオラ　イン　チッター
Stamattina ho incontrato Paola in città.

今朝，町でパオラに会いました。

▶ stamattina「今朝」 città **065**「町」

ミ　ピアチェれッベ　ヴィアッジャーれ　ぺる　トゥット イル　モンド
Mi piacerebbe viaggiare per tutto il mondo.

私は世界中を旅行してみたいです。

▶ a ＋人＋ piacerebbe ＋不定詞（piacerebbe < piacere **404** の条件法現在3人称単数形）「〜してみたい」

オッジ　ヴィスィティアーモ イル ドゥオーモ
Oggi visitiamo il duomo.

私たちは今日，ドゥオーモを訪れます。

▶ oggi **095**「今日」 duomo **291**「ドゥオーモ，大聖堂」

ポッソ　ヴェデーれ イル スオ　パッサポるト　ぺる ファヴォーれ
Posso vedere il suo passaporto per favore?

あなたのパスポートを確認してもよろしいですか。

▶ posso < potere **401**「〜してもよい」 vedere **223**「見る」
per favore「お願いします，〜してください」

141 □
アルべるゴ
albergo
〔l', un〕

名|男 ホテル
- hotel「ホテル《発音はオテル》」

142 □
プれノ**タ**ーれ
prenotare
活用 p.173

他動 予約する
- prenotazione「予約」
- annullare/cancellare「キャンセルする」

143 □
ドる**ミ**ーれ
dormire
活用 p.180

自動 眠る
- sonno「眠気；眠り」

144 □
アニ**マ**ーレ
animale
〔l', un〕

名|男 動物；獣
- zoo「動物園」
- bestia「獣」

145 □
カーネ
cane
〔il, un〕

名|男 犬
- cagnolino/cucciolo「子犬」
- abbaiare「(犬が) 吠える」

146 □
ガット
gatto
〔il, un〕

名|男 猫
- miagolare「(猫が) 鳴く」

147 □
ウッ**チェ**ッロ
uccello
〔l', un〕

名|男 鳥
- uccellino「小鳥」
- cantare「《鳥・虫が》 さえずる, 鳴く」

21

イン クエスト クアるティエーれ リ アルべるギ ソーノ コストースィ
In questo quartiere gli |alberghi| sono costosi.

この界隈ではホテルは高いです。

▶ **quartiere** 065「地区」 **costosi** < **costoso** 392「(価格が) 高い」

ポッソ プれノターれ ウナ カーめら スィンゴら [ドッピア]
Posso |prenotare| una camera singola [doppia]?

1人 [2人] 部屋を予約できますか。

▶ **posso** < **potere** 401「〜できる」
camera 053 **singola [doppia]**「1人 [2人] 部屋」

アイ ドるミート べーネ スタノッテ
|Hai dormito| bene stanotte?

昨晩はよく眠れた？

▶ **bene** 409「よく」 **stanotte**「今晩；昨晩」(= **questa notte**)

アイ ウナニマーレ ドメスティコ
Hai un |animale| (domestico)?

ペットは飼っていますか。

▶ **hai** < **avere** 043「飼う」 **animale domestico**「ペット；家畜」

ケ カりーノ ケ らッツァ ディ カーネ エ
Che carino! Che razza di |cane| è?

なんてかわいいの！ 犬の種類は何ですか。

▶ **che**「なんという，何の」 **carino** 396「かわいい」 **razza**「(生物の) 種類」

ドヴェ アンダート イル ミオ ガット
Dov'è andato il mio |gatto|?

私の猫はどこへ行ったの？

▶ **dov'** < **dove**「どこに (へ)」 **è andato** < **andare** 323「行く」
mio 009「私の」

アンケ クエスタンノ リ ウッチェッリ アンノ ファット イル ニード
Anche quest'anno gli |uccelli| hanno fatto il nido.

今年も鳥たちが巣を作りました。

▶ **anche**「〜も」 **quest'anno**「今年」 **hanno fatto** < **fare** 183「作る」
nido「巣」

1回目	年 月 日 / 7	2回目	年 月 日 / 7	3回目	年 月 日 / 7	達成率 29 %

148 ☐
☐
☐
スクオーラ
scuola
〔la, una〕

名│女 学校
- scolastico「学校の」
- frequentare「通う」
- classe「クラス；教室」

149 ☐
☐
☐
スクオーラ エレメンターれ
scuola elementare
〔la, una〕

名│女 小学校
- elementari「《複数で》小学校」
- scuola materna「幼稚園」(=asilo)
- asilo nido「保育園」

150 ☐
☐
☐
スクオーラ メーディア
scuola media
〔la, una〕

名│女 中学校
- medie「《複数で》中学校」

151 ☐
☐
☐
リチェーオ
liceo
〔il, un〕

名│男 高校
= scuola superiore
- superiori「《複数で》高校」
- diploma「卒業（証書）」

152 ☐
☐
☐
ウニヴェるスィター
università
〔l', un'〕

名│女 無変化 大学
- facoltà「学部」
- laurea「学士号，学位」
- istituto「専門学校；機関」

153 ☐
☐
☐
インセニャンテ
insegnante
〔男 l', un／女 l', un'〕

名│男・女 先生，教師
- maestro[-a]「（小学校の）先生」
- professore[-ressa]「（中学校以上の）先生；教授」

154 ☐
☐
☐
ストゥデンテ
studente
〔lo, uno〕

名│男 [-essa] 学生，生徒
- alunno[-a]「（小・中学校の）生徒」

22

ア　ミア　フィッリャ　ピアーチェ　アンダーれ　ア　スクオーラ
A mia figlia piace andare a |scuola|.

私の娘は学校に行くのが好きです。

▶ **figlia** 023「娘」 **piace** < **piacere** 404「好みである」 **andare** 323「行く」

ミオ　ニポーテ　アイニツィアート　アダンダーれ　アッラ　スクオーラ　エレメンターれ
Mio nipote ha iniziato ad andare alla |scuola elementare|.

私の甥［孫］は小学校に通い始めました。

▶ **nipote**「甥，姪；孫」 **ha iniziato** < **iniziare** 463「始める」
andare 323「行く」

ア　ジューニョ　ヴァレンティーナ　ア　フィニート　ラ　スクオーラ　メーディア
A giugno Valentina ha finito la |scuola media|.

6月にヴァレンティーナは中学校を卒業しました。

▶ **giugno** 083「6月」 **ha finito** < **finire** 464「終える⇨卒業する」

ソーノ　イン　プリーマ　リチェーオ　シェンティーフィコ［クラッスィコ］
Sono in prima |liceo| scientifico[classico].

理数［文科］系高校の1年生です。

▶ **prima**「第1学年」 **scientifico**「自然科学［理系］の」 **classico**「文科系の」

ミ　ソーノ　アッペーナ　ラウれアータ　アッルニヴェるスィター
Mi sono appena laureata all'|università|.

大学を卒業したばかりです。

▶ **mi sono laureata** < **laurearsi**「(大学を)卒業する」《小中学校は **finire**, 高校・
専門学校は **diplomarsi** を使う》 **appena**「～したばかり」

ミオ　パードれ　エ　インセニャンテ　ディ　マテマーティカ　デッレ　メーディエ
Mio padre è |insegnante| di matematica delle medie.

私の父は中学校の数学の教師です。

▶ **matematica**「数学」 **medie** 150「中学校」

ルーカ　エ　ストゥデンテ　ディ　メディチーナ　デッルニヴェるスィターディ　ブレッシャ
Luca è |studente| di Medicina dell'Università di Brescia.

ルーカはブレッシャ大学の医学生です。

▶ **medicina** 305「医学；医学部《学部はしばしば大文字始まりで記す》」

155
レツィオーネ
lezione
〔la, una〕

名｜女 授業
- corso「講座；授業」

156
コンピト
compito
〔il, un〕

名｜男 宿題
- esercizio「練習（問題）」

157
エサーメ
esame
〔l', un〕

名｜男 試験
- esame scritto「筆記試験」
- esame orale「口頭試問」
- prova「試験」

158
ドマンダ
domanda
〔la, una〕

名｜女 質問，（試験の）問題
- problema「問題」
- risposta「答え」
- soluzione「解答」

159
ヴォート
voto
〔il, un〕

名｜男 点数，成績
- valutazione「評価」
- pagella「成績通知表」

160
ストゥディアーれ
studiare
活用 p.174

他動 勉強する
- studio「勉強，学習；書斎」

161
ストーリア
storia
〔la, una〕

名｜女 歴史
- storico「歴史の，歴史的な」

23

クエスタ エ ウナ レツィオーネ ディ イタリアーノ ペる プリンチピアンティ
Questa è una [lezione] di italiano per principianti.

これは初心者向けのイタリア語の授業です。

▶ italiano **127**「イタリア語」 principianti < principiante「初心者」

アイ フィニート イ コンピティ
Hai finito i [compiti]?

宿題は終わったの？

▶ hai finito < finire **464**「終える；終わる」

セ ヴオイ スペらーれ レサーメ デヴィ ストゥディアーれ ディ ピュ
Se vuoi superare l'[esame], devi studiare di più!

試験に合格したいのなら，もっと勉強しないとだめだよ。

▶ se「もし〜」 vuoi < volere **400**「〜したい」 superare **298**「越える，上回る」
devi < dovere **402**「〜しなければならない」 di più「もっと」

スクースィ ノノ カピート プオー りペーてれ ラ ドマンダ
Scusi non ho capito. Può ripetere la [domanda]?

すみません，わからなかったです。もう一度質問を繰り返せますか。

▶ ho capito < capire **429**「理解する」 può < potere **401**「〜できる」
ripetere「繰り返す」

オ プれーソ ウン ベル ヴォート イン フィスィカ
Ho preso un bel [voto] in fisica.

物理でいい点数を取りました。

▶ ho preso < prendere **332**「取る」 bel < bello **385**「よい」 fisica「物理」

マるタ ストゥーディア センプれ モルト
Marta [studia] sempre molto.

マルタはいつもたくさん勉強しています。

▶ sempre「いつも」 molto **442**「たくさん」

イル マるテディー エ イル ヴェネるディー アッビアーモ レツィオーネ ディ ストーりア
Il martedì e il venerdì abbiamo lezione di [storia].

私たちは毎週火曜日と金曜日に歴史の授業があります。

▶ martedì **072**「火曜日」 venerdì **075**「金曜日」

1回目	年 月 日 ／7	2回目	年 月 日 ／7	3回目	年 月 日 ／7	達成率 32 %

162 □
□
アるテ
arte
〔l', un'〕

名｜女 芸術，美術
- art**i**sta「芸術家，アーティスト」
- mostra d'arte「美術展」

163 □
□
ピット**ゥ**ーら
pittura
〔la, una〕

名｜女 絵
- qu**a**dro「（額に入った）絵」
- dip**i**ngere「絵を描く」
- pitt**o**re[-tr**i**ce]「画家」

164 □
□
フォート
foto
〔la, una〕

名｜女 無変化 写真
- fotograf**i**a の略。
- m**a**cchina fotogr**a**fica「カメラ」
- fotoc**a**mera「カメラ」

165 □
□
マ**ティ**ータ
matita
〔la, una〕

名｜女 鉛筆
- past**e**llo「色鉛筆」
- g**o**mma「消しゴム」

166 □
□
ペンナ
penna
〔la, una〕

名｜女 ペン
- p**e**nna stilogr**a**fica「万年筆」
- b**i**ro「ボールペン」

167 □
□
クア**デ**るノ
quaderno
〔il, un〕

名｜男 ノート
- quad**e**rno bi**a**nco「無地ノート」
- quad**e**rno a r**i**ghe「罫線ノート」
- quad**e**rno a quadr**e**tti「方眼ノート」

168 □
□
リーブろ
libro
〔il, un〕

名｜男 本
- bibliot**e**ca「図書館」
- librer**i**a「書店；本棚」
- riv**i**sta「雑誌」

24

ダ クアンド イニツィア ラ モストら ダるテ ディ レオナるド ダ ヴィンチ
Da quando inizia la mostra d'arte di Leonardo da Vinci?

レオナルド・ダ・ヴィンチの美術展はいつから始まりますか。

▶ da quando「いつから」 inizia < iniziare 463「始まる」

ミア ソれッラ ストゥーディア ピットゥーら
Mia sorella studia pittura.

私の姉［妹］は絵画を勉強しています。

▶ studia < studiare 160「勉強する」

ファッチャーモ ウナ フォート インスィエーメ
Facciamo una foto insieme!

一緒に写真を撮りましょう！

▶ facciamo < fare の勧誘を示す命令法1人称複数形 183「～する」
　 insieme「一緒に」

オ ウサート ラ マティータ ぺる プれンデれ アップンティ
Ho usato la matita per prendere appunti.

メモを取るのに鉛筆を使いました。

▶ ho usato < usare 468「使う」 prendere appunti「メモを取る」

ミ プれスティ ラ トゥア ペンナ ぺる ファヴォーれ
Mi presti la tua penna per favore?

君のペンを貸してもらってもいいかな？

▶ mi「私に」 presti < prestare「貸す」

アッローら らガッツィ アプリーテ イル クアデるノ
Allora ragazzi aprite il quaderno!

それじゃあ，みなさん，ノートを開いてください。

▶ allora「それでは」 ragazzi < ragazzo 029「《呼びかけで》みんな」《この場合 ragazzo
　 は「少年」の意味ではない》 aprite < aprire 491 の命令法2人称複数形「開く」

オ プれーソ イン プれスティト ウン リーブろ イン ビブリオテーカ
Ho preso in prestito un libro in biblioteca.

図書館で本を1冊借りました。

▶ ho preso < prendere in prestito「借りる」 biblioteca 289「図書館」

文法復習② 男性形と女性形・単数形と複数形
[定冠詞 / 不定冠詞 / 部分冠詞] **Gli articoli**

名詞の性 イタリア語のすべての名詞は男性名詞と女性名詞に分かれます。規則はありませんが，物にも男性名詞と女性名詞があります。

冠詞 名詞の前に付けます。名詞の性《男性・女性》・数《単数・複数》によって形が変化します。定冠詞（**articolo determinativo**），不定冠詞（**articolo indeterminativo**），部分冠詞（**articolo partitivo**）の３つがあります。

定冠詞：基本的な使い方は次の２通りあります。

ある物の種類全体を指す	特定されている物を指す
「〜という物（全体）」	「その〜，この〜」
Mi piace il cinema.	**La gonna è corta.**
「私は映画が好きです」	「このスカートは短い」

男性	単数	il，《母音の前で》l'，《s＋子音，z，gn，pn，ps，x，yの前で》lo
	複数	i，《母音，またはs＋子音，z，gn，pn，ps，x，yの前で》gli
女性	単数	la，（母音の前で）l'
	複数	le

男性		女性	
単数	複数	単数	複数
il maschio	i maschi	la femmina	le femmine
l'amico	gli amici	l'amica	le amiche
lo studente	gli studenti		

不定冠詞：単数名詞について不特定のものや初めて話題になるものを指します。

C'è una donna.「ひとりの女性がいます」

男性	un，（s＋子音，z，gn，pn，ps，x，yの前で）uno
女性	una，（母音の前で）un'

部分冠詞：単数形は数えられない名詞について「いくらかの〜」を表し，複数形は数えられる名詞とともに「いくつかの〜」を意味します。

Ho comprato del pane.「私は（いくらかの）パンを買いました」

Ci sono delle donne.「何人かの女性がいます」

男性	単数	del，《母音の前で》dell'，《s＋子音，z，gn，pn，ps，x，yの前で》dello
	複数	dei，《母音，またはs＋子音，z，gn，pn，ps，x，yの前で》degli
女性	単数	della，（母音の前で）dell'
	複数	delle

lo **studente**「その学生」	uno **studente**「1人の[ある]学生」
gli **studenti**「学生たち」	degli **studenti**「何人かの学生」
la **studentessa**「その女学生」	una **studentessa**「1人の[ある]女学生」
le **studentesse**「女学生たち」	delle **studentesse**「何人かの女学生」

＊ 学生の中に女性が複数いても，男性が1人いれば男性複数形扱いとなります。

essere と avere の活用

essere は英語の be 動詞，avere は英語の have にあたる最重要動詞です。また，複合時制の助動詞としても用いられ，「**essere** ＋過去分詞」，「**avere** ＋過去分詞」とし，近過去を作ります。

エッセれ **essere**「～だ／～にいる［ある］」	アヴェーれ **avere**「持っている，ある」
イオ ソーノ **io** sono	イオ オ **io** ho
トゥ **セ**ーイ **tu** sei	トゥ アイ **tu** hai
ルイ レイ レイ エ **lui**/**lei**/**Lei** è	ルイ レイ レイ ア **lui**/**lei**/**Lei** ha
ノイ スィ**ア**ーモ **noi** siamo	ノイ アッピ**ア**ーモ **noi** abbiamo
ヴォイ スィ**エ**ーテ **voi** siete	ヴォイ ア**ヴェ**ーテ **voi** avete
ロ−ろ ソ−ノ **loro** sono	ロ−ろ **ア**ンノ **loro** hanno
過去分詞 ス**タ**ート stato	過去分詞 ア**ヴ**ート avuto

発音と読み方②

g の発音は注意が必要です。

● 《gli》の発音は，小さい「ッ」を入れた感じで，「ッリ」と発音します。**negligente**（ネグリ**ジェ**ンテ）「怠惰な」など「グリ」と読む単語は非常に限られています。

→ **famiglia**（ファミッリャ）「家族」／ **figlio**（**フィ**ッリョ）「息子」

● gn は頭に「ン」を入れた感じで，gna「ニャ」，gne「ニェ」，gni「ニ」，gno「ニョ」，gnu「ニュ」と発音します。

→ **gnocchi**（**ニョ**ッキ）「ニョッキ」／ **montagna**（モン**タ**ーニャ）「山」

61

169 ジョる**ナ**ーレ
giornale
〔il, un〕

名｜男 新聞
- rivista「雑誌」
- edicola「新聞・雑誌売店」

170 ディツィオ**ナ**ーりオ
dizionario
〔il, un〕

名｜男 辞書，辞典
- vocabolario「辞書，語彙集」

171 ティ**ヴ**ー / テレヴィス**ィオー**ネ
tv / televisione
〔la, una〕

名｜女 テレビ
- tivù とも表記。
- televisore「テレビ受像機」
- telecomando「リモコン」

172 フィルム
film
〔il, un〕

名｜男 無変化 映画
- cinema「《総称的に》映画；映画館」

173 **ら**ーディオ
radio
〔la, una〕

名｜女 無変化 ラジオ
- radiofonia の略。

174 ス**オ**ーノ
suono
〔il, un〕

名｜男 音，響
- suonare「弾く，演奏する」
- rumore「騒音，物音」

175 **ム**ースィカ
musica
〔la, una〕

名｜女 音楽
- musicista「音楽家，作曲家」

25

チェ　ウナるティコロ　　インテれッサンテ　スル　ジョるナーレ
C'è un articolo interessante sul giornale.

新聞に面白い記事が載っています。

▶ articolo「記事」 interessante **184**「面白い」

クエスタ　エ　ウナップリカツィオーネ　ディ　ディツィオナーりオ　イタリアーノ
Questa è un'applicazione di dizionario italiano.

これはイタリア語辞書のアプリです。

▶ applicazione「アプリ」(= app〔アップと発音〕)
dizionario (di) italiano「イタリア語辞書」

イエーり　オ　グアるダート　ラ ティヴー トゥット イル ジョるノ
Ieri ho guardato la tv tutto il giorno.

昨日は一日中，テレビを見ました。

▶ ieri **097**「昨日」 ho guardato < guardare **472**「見る」
tutto il giorno **092**「一日中」

イエーり セーら　オ　ヴィスト　ウン　ベッリッスィモ　フィルム
Ieri sera ho visto un bellissimo film.

昨日の夜，とても素晴らしい映画を観ました。

▶ ieri sera「昨夜」 ho visto < vedere **223**「見る」
bellissimo = bello **385**の絶対最上級「とても美しい[素晴らしい]」

アスコルト　ラ　ラーディオ イン　　マッキナ
Ascolto la radio in macchina.

車の中でラジオを聞きます。

▶ ascolto < ascoltare **224**「聞く」 in「～の中で」 macchina **310**「車」

セント　ウン　ベル　スオーノ
Sento un bel suono.

きれいな音色が聞こえる。

▶ sento < sentire **222**「聞く」 bel < bello **385**「きれいな」

ミ ピアーチェ ラ　ムースィカ　クラッスィカ
Mi piace la musica classica.

私はクラシック音楽が好きです。

▶ piace < piacere **404**「～にとって好みである⇨～は好きだ」
musica classica「クラシック音楽」

176 □
□
□
カン**ツォ**ーネ
canz<u>o</u>ne
〔la, una〕

名｜女 歌
- c<u>a</u>nto「歌曲」
- <u>i</u>nno nazion<u>a</u>le「国歌」

177 □
□
□
カン**タ**ーれ
cant<u>a</u>re
活用 p.169

他動 〜を歌う　自動 歌う
- cant<u>a</u>nte「歌手」

178 □
□
□
オーぺら **リ**ーりカ
<u>o</u>pera l<u>i</u>rica
〔l', un'〕

名｜女 オペラ
= <u>o</u>pera
- cant<u>a</u>nte l<u>i</u>rico[-a]「オペラ歌手」
- te<u>a</u>tro「劇場」

179 □
□
□
キ**タ**ッら
chit<u>a</u>rra
〔la, una〕

名｜女 ギター
- b<u>a</u>sso「ベース」

180 □
□
□
ヴィオ**リ**ーノ
viol<u>i</u>no
〔il, un〕

名｜男 バイオリン
- vi<u>o</u>la「ビオラ」
- violonc<u>e</u>llo「チェロ」
- contrabb<u>a</u>sso「コントラバス」

181 □
□
□
ピアノ**フォ**るテ
pianof<u>o</u>rte
〔il, un〕

名｜男 ピアノ
= pi<u>a</u>no
- pianof<u>o</u>rte a c<u>o</u>da「グランドピアノ」
- pian<u>i</u>sta「ピアニスト」

182 □
□
□
バッ**ラ**ーれ
ball<u>a</u>re
活用 p.169

他動 〜を踊る　自動 踊る
- b<u>a</u>llo「踊り，ダンス」

26

アスコルティアーモ　スペッソ　クエスタ　カンツォーネ
Ascoltiamo spesso questa `canzone`.

私たちはよくこの歌を聞きます。

▶ ascoltiamo < ascoltare **224**「聞く」 spesso「しばしば」

カンティアーモ　トゥッティ　インスィエーメ　リンノ　ディ　マメーリ
`Cantiamo` **tutti insieme l'Inno di Mameli!**

みんな一緒にマメーリの賛歌を歌いましょう！

▶ tutti insieme「みんな一緒に」 Inno di Mameli = Inno Fratelli d'Italia 「マメーリの賛歌《イタリア国歌》」

ミ　インテれッサ　モルト　ロペら　リーりカ
Mi interessa molto l' `opera lirica`.

私はオペラにとても興味があります。

▶ mi「私に」 interessa < interessare **417**「(人に) 興味を持たせる」

スオノ　ラ　キタッら
Suono la `chitarra`.

ギターを弾きます。

▶ suono < suonare **174**「弾く」

ニコロー　スオーナ　ダッヴェーろ　ベーネ　イル　ヴィオリーノ
Nicolò suona davvero bene il `violino`.

ニコローはバイオリンを本当に上手に弾きます。

▶ suona < suonare **174**「弾く」 davvero「本当に」

クエスタ　ヴォルタ　オ　スオナート　ベニッスィモ　イル　ピアノフォるテ
Questa volta ho suonato benissimo il `pianoforte`.

今回はとても上手にピアノを弾けました。

▶ questa volta「今回」 ho suonato < suonare **174**「弾く」 benissimo < bene **409**の絶対最上級「とても上手に，たいへんよく」

ラルトろ　イエーり　ノッテ　オ　バッラート　コン　エレナ　イン　ディスコテーカ
L'altro ieri notte `ho ballato` **con Elena in discoteca.**

一昨日の夜，ディスコでエレナと踊りました。

▶ l'altro ieri **097**「一昨日」 notte **103**「夜」 con「〜と」 in「〜で」 discoteca「ディスコ」

183
ファーれ
fare
活用 p.171

[他動] 作る；する；《非人称で天候を示し》～である
- **fatto** 「作られた／できごと；事実」

184
インテれッサンテ
interessante

[形] 興味深い
- **interesse** 「興味，関心」
- **curiosità** 「好奇心」

185
スポるトゥ
sport
〔lo, uno〕

[名|男] スポーツ，運動
- **sportivo** 「スポーツの」

186
ジョカーれ
giocare
活用 p.171

[自動] 遊ぶ，（スポーツを）する
- **gioco** 「遊び，ゲーム；試合」
- **giocatore[-trice]** 「（主に球技の）スポーツ選手」

187
カルチョ
calcio
〔il〕

[名|男] サッカー
- **calcetto** 「フットサル（＝calcio a 5〔cinque〕）」
- **calciatore[-trice]** 「サッカー選手」

188
パッラヴォーロ
pallavolo
〔la〕

[名|女] バレーボール
- **pallavolista** 「バレーボール選手」
- **pallacanestro** 「バスケットボール」
- **pallanuoto** 「水球」

189
ヌオターれ
nuotare
活用 p.172

[自動] 泳ぐ
- **nuoto** 「水泳」
- **piscina** 「プール」
- **costume da bagno** 「水着」

27

オッジ　ドポ　イル　ラヴォーろ　ファッチョ　スペーセ　アッラウトレット
Oggi dopo il lavoro [faccio] spese all'outlet.
今日は仕事の後にアウトレットでショッピングをします。

▶ oggi 095「今日」 faccio < fare spese 390「ショッピングをする」 outlet「アウトレット」

チェ　クアルケ　ノティーツィア　インテれッサンテ
C'è qualche notizia [interessante]?
何か興味深いニュースはありますか。

▶ qualche「いくらかの；なんらかの」 notizia「ニュース」

ジージ　ファ　スぽるトゥ　トれ　ヴォルテ　アッラ　セッティマーナ
Gigi fa [sport] tre volte alla settimana.
ジージは週に3回運動をします。

▶ volte < volta「～回」 alla settimana「週に」

トゥ　ジョーキ　ア　カルチョ
Tu [giochi] a calcio?
君はサッカーするの？

▶ giochi a < giocare a「～をプレーする」

ヴァード　アッロ　スターディオ　ア　ヴェデーれ　ウナ　パるティータ　ディ　カルチョ
Vado allo stadio a vedere una partita di [calcio].
スタジアムにサッカーの試合を観に行きます。

▶ vado < andare 323「行く」 stadio「スタジアム」 vedere 223「観る」 partita「試合」

イニターリア　ラ　パッラヴォーロ　エ　ウノ　スぽるトゥ　ぽポラーれ
In Italia la [pallavolo] è uno sport popolare.
イタリアでバレーボールは人気のスポーツです。

▶ popolare「人気の」

ミア　フィッリャ　ノン　サ　アンコーら　ヌオターれ
Mia figlia non sa ancora [nuotare].
私の娘はまだ泳げません。

▶ sa < sapere 406「できる」 ancora「まだ」

1回目	年 月 日 ／7	2回目	年 月 日 ／7	3回目	年 月 日 ／7	達成率 37 %

190 □
□
□
バるコ
parco
〔il, un〕

名|男 （大きな）公園
- giardino pubblico 「(小さな)公園」

191 □
□
□
ピアッツァ
piazza
〔la, una〕

名|女 広場
- fontana 「泉」

192 □
□
□
マーれ
mare
〔il, un〕

名|男 海
- oceano 「大洋」
- onda 「波」

193 □
□
□
コスタ
costa
〔la, una〕

名|女 海岸
- spiaggia 「ビーチ」

194 □
□
□
カンパーニャ
campagna
〔la, una〕

名|女 田舎；畑
- campo 「畑」

195 □
□
□
モンターニャ
montagna
〔la, una〕

名|女 山
- monte 「山,《固有名詞の前につけて》～山」
- collina 「丘」

196 □
□
□
ステッラ
stella
〔la, una〕

名|女 星
- pianeta 「惑星」
- spazio/universo/cosmo 「宇宙」
- galassia 「銀河 (系)」

28

オンニ　マッティーナ　ファッチョ　ウナ　パッセッジャータ　アル　パるコ
Ogni mattina faccio una passeggiata al parco.

毎朝，公園を散歩します。

▶ ogni mattina「毎朝」
faccio < fare una passeggiata 470「散歩をする」

ポッスィアーモ　ヴェデーれ　ピアッツァ　ナヴォーナ　ダッロテル
Possiamo vedere Piazza Navona dall'hotel.

ホテルからナヴォーナ広場を見ることができます。

▶ possiamo < potere 401「～できる」vedere 223「見る」hotel 141「ホテル」

イル　マーれ　イン　さるデーニャ　エ　ダッヴェーろ　マニーフィコ
Il mare in Sardegna è davvero magnifico.

サルデーニャ島の海は本当に素晴らしいです。

▶ davvero「本当に」magnifico 395「素晴らしい」

ラ　コスタ　ディ　アマルフィ　エ　パトりモーニオ　モンディアーレ
La costa di Amalfi è Patrimonio Mondiale.

アマルフィ海岸は世界遺産です。

▶ Patrimonio Mondiale「世界遺産」

イ　ミエイ　ジェニトーり　ヴィーヴォノ　イン　カンパーニャ
I miei genitori vivono in campagna.

私の両親は田舎で暮らしています。

▶ genitori 016「両親」vivono < vivere 050「生活する」

トゥッティ　リ　インヴェるニ　アンディアーモ　イン　モンターニャ　ア　シアーれ
Tutti gli inverni andiamo in montagna a sciare.

私たちは毎冬，スキーをしに山に行きます。

▶ inverni < inverno 112「冬」andiamo < andare 323「行く」
sciare「スキーをする」

イエーり　セーら　オ　ヴィスト　ウナ　ステッラ　カデンテ
Ieri sera ho visto una stella cadente.

昨晩，流れ星を見ました。

▶ ieri sera「昨晩」ho visto < vedere 223「見る」
stella cadente「流れ星」

197

ボスコ

bosco
〔il, un〕

名｜男 森

- foresta「森林」
- giungla「ジャングル」

198

アルベろ

albero
〔l', un〕

名｜男 木

- ramo「枝」
- foglia「葉」
- tronco「幹」

199

フィオーれ

fiore
〔il, un〕

名｜男 花

- negozio di fiori「(店の) 花屋」
- fioraio[-a]/fiorista「(人の) 花屋」
- fiorire「花が咲く」

200

ラーゴ

lago
〔il, un〕

名｜男 湖

- laghetto「池」

201

フィウーメ

fiume
〔il, un〕

名｜男 川

- corso「流れ」
- canale「運河，水路」
- ponte「橋」

202

ファッチャ

faccia
〔la, una〕

名｜女 顔

- viso「顔」

203

テスタ

testa
〔la, una〕

名｜女 頭

- capo「頭」

29

イン クエスト ボスコ アッビアーモ トロヴァート タンティッスィミ フンギ
In questo [bosco] abbiamo trovato tantissimi funghi.

この森の中で私たちはとても多くのキノコを見つけた。

▶ abbiamo trovato < trovare 486「見つける」 tantissimi < tanto 442
の絶対最上級「とても多く」 funghi < fungo「キノコ」

ネル ミオ ジャるディーノ チェ ウナルべろ ディ メーレ
Nel mio giardino c'è un [albero] di mele.

私の庭にはリンゴの木があります。

▶ giardino 055「庭」 mele < mela 351「リンゴ」

オ コンプらート ウン マッツォ ディ フィオーり べる ラ マンマ
Ho comprato un mazzo di [fiori] per la mamma.

お母さんのために花束を買いました。

▶ ho comprato < comprare 384「買う」 mazzo「束」
mamma 019「お母さん, ママ」

イル ラーゴ ディ ガるダ エ イル ラーゴ ピュ グらンデ ディターリア
Il [lago] di Garda è il lago più grande d'Italia.

ガルダ湖はイタリアで最も大きい湖です。

▶ grande 245「大きい」
定冠詞 + A《名詞》+ più …《形容詞》di 〜「〜の中で最も…である A」

イル フィウーメ テヴェれ アットらヴェるサ クアットろ れジョーニ
Il [fiume] Tevere attraversa quattro regioni.

テヴェレ川は4つの州を流れています。

▶ attraversa < attraversare「貫いて流れる」
regioni < regione 067「州」

ニコーら ケ ファッチャ アイ
Nicola, che [faccia] hai?

ニコーラ, なんて顔をしているの?

▶ che「なんという」 hai < avere 043「持つ」

アイ オ マル ディ テスタ
Ahi, ho mal di [testa]!

ああ, 頭が痛い!

▶ ahi「ああ, 痛い」 ho < avere 043「(病気, 熱, 痛みなどを) 持っている」
mal < male 411「痛み」

204
オッキオ
occhio
〔l', un〕

名|男 目
- occhiata「ちらりと見ること」
- sguardo「目つき，視線」

205
ボッカ
bocca
〔la, una〕

名|女 口
- labbra「両唇」
- rossetto「口紅」
- mascherina「マスク」

206
オれッキオ
orecchio
〔l', un〕

名|男 耳
- orecchini「ピアス，イヤリング」

207
ナーソ
naso
〔il, un〕

名|男 鼻
- nasale「鼻の」

208
デンテ
dente
〔il, un〕

名|男 歯
- dentista「歯科医」
- dente cariato「虫歯」

209
ゴーラ
gola
〔la〕

名|女 のど
- fare i gargarismi「うがいをする」

210
カペッリ
capelli
〔i〕

名|男・複 髪
- cappello「帽子」
- parrucchiere「美容室；[-a] 美容師」

ダニエーラ　ア　リ　オッキ　アッズッリ
Daniela ha gli occhi azzurri.

ダニエーラは青い目をしています。

▶ ha < avere **043**「持つ」 azzurri < azzurro「青」

イン　ボッカ　アッルーポ　クれーピ　イッルーポ
In bocca al lupo!—Crepi (il lupo)!

幸運を祈るよ！―がんばるよ！

▶ 直訳は「狼の口の中へ」「狼なんかくたばってしまえ」crepi は crepare の接続法現在形で，願望を表す用法。

オ　ウン　ドローれ　アッロれッキオ　スィニストろ
Ho un dolore all'orecchio sinistro.

左耳が痛いです。

▶ dolore「痛み」 sinistro **499**「左の」

オ　イル　ナーソ　キウーソ
Ho il naso chiuso.

鼻がつまっています。

▶ chiuso **494**「閉まっている」

プりマ　ディ　ドるミーれ　デヴィ　ラヴァるティ　イ　デンティ
Prima di dormire devi lavarti i denti!

寝る前に歯を磨きなさい。

▶ prima di ＋不定詞「～する前に」 devi < dovere **402**「～しなければならない」 lavarti < lavarsi **483**「自分の体を洗う」

イル　ミオ　バンビーノ　ア　マル　ディ　ゴーラ
Il mio bambino ha mal di gola.

私の子どもはのどが痛いです。

▶ bambino **017**「子ども」 ha < avere **043**「(病気, 熱, 痛みなどを) 持っている」 mal < male **411**「痛み」

クりスティアーナ　アイ　カペッリ　ルンギ [コるティ]
Cristiana ha i capelli lunghi[corti].

クリスティアーナは髪が長い [短い]。

▶ lunghi < lungo **247**「長い」 corti < corto **248**「短い」

---

211 クオーれ
cuore
〔il, un〕

名|男 心臓；心
- cardiaco「心臓の」

212 スキエーナ
schiena
〔la, una〕

名|女 背
- dorso「背中」

213 ブ**ら**ッチョ
braccio
〔il, un〕

名|男 腕
- 人の両腕の意味で複数形は le braccia。

214 マーノ
mano
〔la, una〕

名|女 手
- 複数形は le mani。

215 ディート
dito
〔il, un〕

名|男 指
- 複数形は le dita。
- unghia「爪」

216 ピエーデ
piede
〔il, un〕

名|男 足〈足首からつま先まで〉
- in piedi「立って」
- caviglia「足首」

217 ガンバ
gamba
〔la, una〕

名|女 脚〈膝，あるいはももの付け根から足首まで〉
- ginocchio《複数形は le -a》「膝」

31

ミ バッテ イル クオーれ
Mi batte il cuore.

心臓がドキドキします。

▶ mi < a me「私に」
batte < battere「打つ」《battere は自動詞で主語は il cuore》

セント ウン ドローれ アッラ スキエーナ
Sento un dolore alla schiena.

背中に痛みを感じます。

▶ sento < sentire 222「感じる」 dolore「痛み」

ティ アッコルゴ ア ブラッチャ アペるテ
Ti accolgo a braccia aperte.

君を歓迎して迎えるよ。

▶ ti「君を」 accolgo < accogliere「～を迎える」
a braccia aperte「開いた両腕で⇨歓迎して」

スィモーネ ダンミ ウナ マーノ
Simone dammi una mano!

シモーネ，手伝ってよ！

▶ dammi < dare una mano の命令法 2 人称単数形「手伝う，助ける」+
mi「私に」《dare la mano は「手を差し出す」の意味》

オ コンタート コン レ ディータ
Ho contato con le dita.

指で数えました。

▶ ho contato < contare「数える」 con「～で，を使って」

プオイ アンダーれ ア ピエーディ フィーノ アッラ スタツィオーネ
Puoi andare a piedi fino alla stazione.

駅まで歩いて行けるよ。

▶ andare a piedi「徒歩で行く」 fino alla stazione「駅まで」

レ ミエ ガンベ ソーノ スタンケ
Le mie gambe sono stanche.

私の両足は疲れています。

▶ stanche < stanco 424「疲れた」

218 □□□
アップンタメント
appuntamento
〔l', un〕

名|男 （人と会う）約束
- promessa「（誓いの）約束」

---

219 □□□
パ**ろ**ーラ
parola
〔la, una〕

名|女 言葉，単語
- lingua「言語」
- frase「文」

---

220 □□□
パる**ラ**ーれ
parlare
活用 p.173

他動 （～を）話す
自動 （～と；～のことを）話す

---

221 □□□
ディーれ
dire
活用 p.179

他動 言う

---

222 □□□
セン**ティ**ーれ
sentire
活用 p.180

他動 聞く，聞こえる；感じる
《命令法の形で》（親称）Senti!
／（敬称）Senta!「すみません」

---

223 □□□
ヴェ**デ**ーれ
vedere
活用 p.179

他動 見る
- vista「視覚；眺め」

---

224 □□□
アスコル**タ**ーれ
ascoltare
活用 p.169

他動 （意識して）聞く
- ascolto「聞くこと」

76

32

オ　　　　ウナップンタメント　　　　　コニル　スィニョーる　ガッリ
Ho un [appuntamento] con il signor Galli.

ガッリさんと約束があります。

▶ ho < avere 043「持つ」

ノン　ソ　ケ　　コサ　スィニフィカ　　クエスタ　　パろーラ
Non so che cosa significa questa [parola].

この言葉が何を意味するのかわかりません。

▶ so < sapere 406「わかる」 che cosa「何」
　significa < significare「意味する」 questa < questo「この」

イエーり　オ　パるラート　コン　ろサリーア
Ieri [ho parlato] con Rosalia.

昨日，ロサリーアと話しました。

▶ ieri 097「昨日」 con「～と」

アイ　デット　クアルコーサ
[Hai detto] qualcosa?

何か言った？

▶ qualcosa「何か；いくらか」

エイ　ノン　センティ　ウン　るモーれ
Ehi, non [senti] un rumore?

ねぇ，物音が聞こえない？

▶ ehi「ちょっと，ねぇ」 rumore 174「物音」

ノナイ　　ヴィスト　イル　ミオ　　インスタグらム　ディ　イエーり
Non [hai visto] il mio Instagram di ieri?

昨日の私のインスタグラムを見なかったの？

▶ Instagram は男性形扱い。Twitter, Facebook も同様。

オッジ　オ　アスコルタート　ラ　らーディオ
Oggi [ho ascoltato] la radio.

今日，ラジオを聞きました。

▶ oggi 095「今日」 radio 173「ラジオ」

1回目	年 月 日 ／7	2回目	年 月 日 ／7	3回目	年 月 日 ／7	達成率 44 %

225 □□□
コンテント
contento

(形) 満足した；嬉しい
- soddisfatto「満足した」

226 □□□
オックパート
occupato

(形) 忙しい；空いていない
- occupazione「職業」
- impegnato「忙しい」

227 □□□
リーべろ
libero

(形) ひまな；自由な；
空いている
- libertà「自由」

228 □□□
ファーメ
fame
〔la, una〕

(名|女) 空腹
- mangiare「食べる」

229 □□□
セーテ
sete
〔la, una〕

(名|女) のどの渇き

230 □□□
ソンノ
sonno
〔il, un〕

(名|男) 眠気，眠り

231 □□□
パウーら
paura
〔la, una〕

(名|女) 恐怖；心配
- avere paura di「～を恐れる」
- far paura a ＋人「～を脅す」
- temere「恐れる；心配する」

33

マッティーア エ モルト コンテント デイ リスルターティ
Mattia è molto `contento` **dei risultati.**

マッティーアは結果にとても満足している。

▶ molto **442**「とても」 risultati < risultato「結果」

ミオ マリート エ モルト オックパート コニル ラヴォーろ
Mio marito è molto `occupato` **con il lavoro.**

私の夫は仕事でとても忙しい。

▶ marito **024**「夫」 lavoro **281**「仕事」

スィエーテ リーベり クエスト フィーネ セッティマーナ
Siete `liberi` **questo fine settimana?**

君たちは今週末，空いてる？

▶ questo「この」 fine settimana **098**「週末」

ノノ プらンザート エ アデッソ オ タンタ ファーメ
Non ho pranzato e adesso ho tanta `fame`**.**

昼食を食べなかったので，今とてもお腹が空いています。

▶ ho pranzato < pranzare **339**「昼食をとる」 e「そして；～なので」
adesso **094**「今」 tanta < tanto **442**「たくさんの」

オ セーテ ポッソ アヴェーれ ウン ビッキエーれ ダックア
Ho `sete`**! Posso avere un bicchiere d'acqua?**

喉が渇いた！ 水を一杯もらえる？

▶ posso < potere **401**「～できる」 bicchiere「コップ」 acqua **357**「水」

オ ドるミート タント マ オ アンコーら ソンノ
Ho dormito tanto ma ho ancora `sonno`**.**

たくさん寝たのにまだ眠い。

▶ ho dormito < dormire **143**「寝る」 tanto **442**「たくさんの」
ma「しかし」 ancora「まだ」

ミオ フィッリョ ア パウーら デイ トゥオーニ
Mio figlio ha `paura` **dei tuoni.**

私の息子は雷が怖い。

▶ figlio **022**「息子」 tuoni < tuono「雷」

232
ファーチレ
facile

[形] 易しい
- facilità「容易さ」

233
ディッフィーチレ
difficile

[形] 難しい
- difficoltà「難しさ，困難」

234
リッコ
ricco
〈-chi; -ca, -che〉〔il, un〕

[形] 裕福な
[名|男] [-a] 金持ち
- ricchezza「豊かさ」

235
ポーヴェろ
povero
〔il, un〕

[形] 貧しい；哀れな
[名|男] [-a] 貧乏人
- povertà「貧困」

236
ポッスィービレ
possibile

[形] 可能な
- possibilità「可能性」

237
インポッスィービレ
impossibile

[形] 不可能な
- impossibilità「不可能なこと」

238
インテッリジェンテ
intelligente

[形] 頭のよい
- intelligenza「賢さ」
- stupido「愚かな，バカな；[-a] 愚か者」

34

クエスト エ ウン プロブレーマ ファーチレ ダ リソルヴェレ

Questo è un problema [facile] da risolvere.

これは解決するのが簡単な問題です。

▶ **problema** 158「問題」 **risolvere**「解決する」

リタリアーノ エ ウナ リングア ディッフィーチレ ぺる イ ジャッポネースィ

L'italiano è una lingua [difficile] per i giapponesi.

イタリア語は日本人にとって難しい言語です。

▶ **italiano** 127「イタリア語」 **lingua** 219「言語」
giapponesi < **giapponese** 128「日本人」

ジョヴァンニ フェッれーろ エ ルオーモ ピュ りッコ ディターリア

Giovanni Ferrero è l'uomo più [ricco] d'Italia.

ジョヴァンニ・フェッレーロはイタリアーの富豪です。

▶ 定冠詞＋ A《名詞》＋ **più** …《形容詞》 **di** ～「～の中で最も…である A」

モルティ パエースィ デッラーフリカ ソーノ ポヴェり

Molti Paesi dell'Africa sono [poveri].

アフリカの多くの国は貧しいです。

▶ **Paese** 069「国《国を意味する場合はしばしば大文字始まりとする》」
Africa「アフリカ」

エ ポッスィービレ カンビアーれ ラ プれノタツィオーネ デル ヴォーロ

È [possibile] cambiare la prenotazione del volo?

フライトの予約を変更することは可能ですか。

▶ **cambiare** 277「変える」 **prenotazione** 142「予約」 **volo** 314「フライト」

エ インポッスィービレ ドるミーれ センツァ コンディツィオナトーれ

È [impossibile] dormire senza condizionatore.

エアコンなしで寝るのは無理だ。

▶ **dormire** 143「寝る」 **senza**「～なしで」 **condizionatore**「エアコン」

エ ウン バンビーノ モルト インテッリジェンテ

È un bambino molto [intelligente].

彼はとても頭のいい子だ。

▶ **bambino** 017「男の子，子ども」 **molto** 442「とても」

1回目	年 月 日 ／7	2回目	年 月 日 ／7	3回目	年 月 日 ／7	達成率 **47 %**

239
インポるタンテ
importante
〔l'〕

形 重要な，大切な
名|男 《単数形のみ》重要なこと
- importanza「重要性」

240
ヌオーヴォ
nuovo

形 新しい
- novità「新しさ」
- di nuovo「もう一度」

241
ヴェッキオ
vecchio
〈-chi; -a, -e〉〔il, un〕

形 古い；老いた
名|男 [-a] 老人
- antico「昔の，古い」

242
ジョーヴァネ
giovane
〔男 il, un／女 la, una〕

形 若い　名|男・女 若者
- giovanotto「青年」
- gioventù「青春」

243
アンツィアーノ
anziano
〔l', un〕

形 年をとった
名|男 [-a] 高齢者

244
エター
età
〔l', un'〕

名|女 無変化 年，年齢

245
グらンデ
grande
〔男 il, un／女 la, una〕

形 大きい；偉大な
名|男・女 大人，成人
- maggiore「より大きい；最も大きい」

35

エ　インポるタンテ　　ノン　　ディメンティカるロ
È importante, non dimenticarlo!

重要なことだよ．（そのことを）忘れないでね。

▶ dimenticarlo < dimenticare **420**「忘れる」+ lo「そのことを」
《non +不定詞で命令法2人称単数形の否定の形を作る》

イル トゥオ　ズマるトフォン　　エ　ヌオーヴォ
Il tuo smartphone è nuovo?

君のスマートフォンは新しい？

▶ tuo **010**「君の」 smartphone **274**「スマートフォン」

クエスティ エディフィーチ ソーノ　モルト　　ヴェッキ
Questi edifici sono molto vecchi.

これらの建物はとても古いです。

▶ questi < questo「この」 edifici < edificio「建物」

ダニエーラ ア　チンクアンタンニ　　マ センブら　ピュ ジョーヴァネ
Daniela ha cinquant'anni ma sembra più giovane.

ダニエーラは50歳だが，もっと若く見える。

▶ cinquant'anni「50歳」 ma「しかし」
sembra < sembrare **462**「～に見える」 più「より～」

ミア　ノンナ　エ　モルト　アンツィアーナ　マ ヴィーヴェ ダ ソーラ
Mia nonna è molto anziana ma vive da sola.

私の祖母はとても高齢だが，ひとりで暮らしている。

▶ nonna **032**「祖母」 vive < vivere **050**「生活する」
da sola < da solo「一人で」

イオ エ ルイ　アッビアーモ　ラ ステッサ エター
Io e lui abbiamo la stessa età.

私と彼は同い年です。

▶ e「～と」 abbiamo < avere **043**「～歳である」 stessa < stesso **459**「同じ」

ジャコモ　ラヴォーら　イヌーナ　グらンデ　アズィエンダ
Giacomo lavora in una grande azienda.

ジャコモは大企業で働いている。

▶ lavora < lavorare **281**「働く」 azienda **285**「企業」

246 ピッコロ

piccolo
〔il, un〕

形 小さい
名|男 [-a] 子ども
▪ minore「より小さい；最も小さい」

247 ルンゴ

lungo
〈-ghi; -ga, -ghe〉

形 長い
▪ lunghezza「長さ」

248 コるト

corto

形 短い
▪ breve「短い」

249 ペサンテ

pesante

形 重い
▪ peso「重さ；体重」

250 レッジェーろ

leggero

形 軽い
▪ leggerezza「軽さ」

251 グらッソ

grasso

形 太った
▪ ingrassare「太る」

252 マーグろ

magro

形 やせた
▪ dimagrire「やせる」

36

チェ ウナ タッリャ ピュ ピッコラ ディ クエスト ヴェスティート
C'è una taglia più piccola di questo vestito?

この服のもっと小さなサイズはありますか。

▶ taglia「サイズ」 più「より多く，以上；最も～である」 vestito **367**「服」

イル スオ ディスコるソ エ ルンゴ エ ノイオーソ
Il suo discorso è lungo e noioso.

彼の話は長くて退屈だ。

▶ discorso「話；会話」 noioso「退屈な」

クエッラ ゴンナ ミ センブら トろッポ コるタ
Quella gonna mi sembra troppo corta.

あのスカートは短かすぎだと思う。

▶ gonna **373**「スカート」 sembra < sembrare **462**「～に見える，思える」
troppo **457**「～すぎる」

ミ ディスピアーチェ マ クエスタ ヴァリージャ エ トろッポ ペサンテ
Mi dispiace ma questa valigia è troppo pesante.

申し訳ありませんが，このスーツケースは重すぎます。

▶ dispiace < dispiacere **412**「（～にとって）残念に思う」
valigia **380**「スーツケース」

ヴォっれイ ウン コンピューテる ぽるターティレ レッジェーろ エ ソッティーレ
Vorrei un computer portatile leggero e sottile.

軽くて薄いノートパソコンがほしいです。

▶ vorrei < volere **400**の条件法現在1人称単数形「～がほしい」
computer portatile **280**「ノートパソコン」 sottile「薄い」

ノン セイ グらッサ エ ノナイ ビソーニョ ディ ファーれ ラ ディエタ
Non sei grassa e non hai bisogno di fare la dieta.

あなたは太っていないから，ダイエットする必要はないよ。

▶ e「～なので」 bisogno「必要」 fare la dieta「ダイエットをする」

クラウディア エ トろッポ マーグら
Claudia è troppo magra.

クラウディアはやせすぎだ。

▶ troppo **457**「～すぎる」

1回目	年 月 日 ／7	2回目	年 月 日 ／7	3回目	年 月 日 ／7	達成率 50 %

文法復習③　形容詞の語尾変化
La declinazione degli aggettivi

　形容詞は主語や修飾する名詞の性・数に合わせて語尾を一致させなければなりません。形容詞の種類は大きく２つに分けられ，性・数によって４つに語尾変化する形と，性には左右されず単数か複数かによって２つに語尾変化する形があります。また，性・数にかかわらず変化をしない形もあり，こういった形容詞は名詞が変化していても常に同じ形をとります。

		単数	複数
-o で終わる形容詞	男性	alto	alti
	女性	alta	alte
-co，-go で終わる ricco や lungo などは複数に変化する際に -h- を伴う	男性	ricco/lungo	ricchi/lunghi
	女性	ricca/lunga	ricche/lunghe
-e で終わる形容詞		grande	grandi

＊　子音で始まる名詞の前では gran となることがあります（s＋子音，z，x，gn，pn，ps は除く）。

　　→ grande pittore（偉大な画家）＝ gran pittore

＊　bello「美しい」は，定冠詞 il，buono「よい」は不定冠詞 uno と同じような語尾変化をします。

＊無変化の形容詞 rosa「ピンク色」

　　→ un vestito rosa「ピンクの服１着」／ due vesititi rosa「ピンクの服２着」

発音と読み方③

　イタリア語の発音では b と v，l と r の発音の区別が重要です。聞き取るのはとても難しいですが，イタリア人の発音をまねてしっかり区別できる発音を心がけましょう。

→ bene（ベーネ）「よい」

　ヴェーネと発音してしまうと，vene「(vena の複数形) 血管」になってしまいます。b は上下の唇を合わせて発音するのに対し，v は下唇を軽く噛んで発音します。

→ molto（モルト）「たくさん」

　モるトと発音してしまうと，morto「死んだ」の発音になるので注意してください。l は舌を前歯の裏につけて発音します。r は最も日本人が苦手とする発音の一つで，舌を巻き舌にして，少し震わせます。

0	ゼーろ zero	15	クインディチ quindici	30	トれンタ trenta
1	ウーノ uno	16	セーディチ sedici	40	クアらンタ quaranta
2	ドゥエ due	17	ディチャッセッテ diciassette	50	チンクアンタ cinquanta
3	トれ tre	18	ディチョット diciotto	60	セッサンタ sessanta
4	クアットろ quattro	19	ディチャンノーヴェ diciannove	70	セッタンタ settanta
5	チンクエ cinque	20	ヴェンティ venti	80	オッタンタ ottanta
6	セーイ sei	21	ヴェントゥーノ ventuno	90	ノヴァンタ novanta
7	セッテ sette	22	ヴェンティドゥーエ ventidue	100	チェント cento
8	オット otto	23	ヴェンティトれ ventitré	1,000	ミッレ mille
9	ノーヴェ nove	24	ヴェンティクアットろ ventiquattro	2,000	ドゥエ ミーラ due mila
10	ディエーチ dieci	25	ヴェンティチンクエ venticinque	10,000	ディエチ ミーラ dieci mila
11	ウンディチ undici	26	ヴェンティセーイ ventisei	10万	チェント ミーラ cento mila
12	ドーディチ dodici	27	ヴェンティセッテ ventisette	100万	ウン ミリオーネ un milione
13	トれーディチ tredici	28	ヴェントット ventotto	1,000万	ディエチ ミリオーニ dieci milioni
14	クアットーるディチ quattordici	29	ヴェンティノーヴェ ventinove	1億	チェント ミリオーニ cento milioni

＊ イタリアでは3桁ごとの区切りにカンマ［ , ］（virgola）ではなく, ピリオド
　［ . ］（punto）を用い, 小数点にはカンマを用います。

1番目	プリーモ primo	6番目	セスト sesto
2番目	セコンド secondo	7番目	セッティモ settimo
3番目	てるツィ terzo	8番目	オッターヴォ ottavo
4番目	クアるト quarto	9番目	ノーノ nono
5番目	クイント quinto	10番目	デチモ decimo

＊ 11以上の序数は《語尾の母音を切断した基数＋ esimo》の形にします。
　→ undicesimo, novantesimo, centesimo

＊ ただし, -tré になる基数は語尾の母音を切断せずに ventitreesimo などと
　します。

253
ヴェーろ
vero
〔il, un〕

[形] 本物の，真の
[名|男] 真実；本物
- verità「真実」
- veramente「本当に」

254
ジュスト
giusto

[形] 正しい；公平な；適切な
- corretto「正しい，正確な」

255
ファルソ
falso
〔il, un〕

[形] 偽の；誤った
[名|男] 贋作；虚偽

256
ズバッリャート
sbagliato

[形] 間違った
- sbaglio「誤り」
- errore「間違い；過ち」

257
ブるット
brutto

[形] 酷い，悪い；醜い

258
カッティーヴォ
cattivo
〔il, un〕

[形] 悪い，劣った
[名|男] [-a] 悪人

259
ヴィチーノ
vicino
〔il, un〕

[形] 近い　[副] 近くに
[名|男] [-a] 隣人
- accanto「すぐ近くの [に]〈形容詞も無変化〉」
- di fianco a [a fianco di]「～の隣」

37

クエスタ ノティーツィア エ ヴェーら
Questa notizia è vera.

このニュースは本当です。

▶ notizia「ニュース」

ミア マードれ ミ ダ センプれ イ コンスィッリ ジュスティ
Mia madre mi dà sempre i consigli giusti.

私の母はいつも正しいアドバイスをくれる。

▶ madre 019「母」mi「私に」dà < dare 273「与える」sempre「いつも」
consigli < consiglio「アドバイス」

ぷるトロッポ クエスタ ぼるサ エ ファルサ
Purtroppo questa borsa è falsa.

残念ながらこのバッグは偽物です。

▶ purtroppo「残念ながら」borsa 380「バック」

ミ スクースィ イル コント エ ズバッリャート
Mi scusi, il conto è sbagliato.

すみません，お会計が間違っています。

▶ scusi < scusare 045の命令法3人称単数形「すみません」conto「会計」

オッジ チェ ぶるット テンポ れスティアーモ ア カーサ
Oggi c'è brutto tempo, restiamo a casa!

今日は天気が悪い，家にいよう！

▶ oggi 095「今日」tempo 119「天気」restiamo < restare の勧誘を示す命
令法1人称複数形 469「残る」casa 051「家」

セント ウン カッティーヴォ オドーれ
Sento un cattivo odore.

嫌なにおいがする。

▶ sento < sentire 222「感じる」odore「におい」

オ トろヴァート ウナルべルゴ ヴィチーノ アッラ スタツィオーネ
Ho trovato un albergo vicino alla stazione.

駅の近くのホテルを見つけました。

▶ ho trovato < trovare 486「見つける」albergo 141「ホテル」
vicino a「〜の近くに」stazione 318「駅」

| 1回目 | 年 月 日 /7 | 2回目 | 年 月 日 /7 | 3回目 | 年 月 日 /7 | 達成率 51 % |

260 ロンターノ

lontano

形 遠い　副 遠くに
- distante「遠い」

261 らるゴ

largo
⟨-ghi; -ga, -ghe⟩

形 広い；緩い
- larghezza「幅；広さ」
- ampio「広い」
- vasto「広大な」

262 ストれット

stretto

形 狭い；きつい

263 スポるコ

sporco
⟨-chi; -ca, -che⟩

形 汚れた　名|男 汚れ物
- sporcare「汚す」
- macchia「染み，汚れ」

264 プリート

pulito

形 清潔な，きれいな
- pulire「掃除する」
- fare le pulizie「掃除する」
- far pulizia「片付ける」

265 キアーろ

chiaro

形 明るい；明確な；澄んだ
- luminoso「明るい；光る」

266 スクーろ / オスクーろ

scuro/oscuro

形 暗い
- buio「暗闇；暗い」
- oscurità「暗いこと」
- oscurare「暗くする」

38

イル ムセーオ ノネ モルト ロンターノ ダ クイ
Il museo non è molto [lontano] da qui.

博物館はここからそう遠くありません。

▶ **museo** 288「博物館」 **da**「〜から」 **qui**「ここ」

クエスタ ゴンナ エ トろッポ うるが ぺる メ
Questa gonna è troppo [larga] per me.

このスカートは私には大きすぎます。

▶ **gonna** 373「スカート」 **troppo** 457「〜すぎる」

モルテ ヴィーエ デル チェントろ ストーりコ ソーノ ストれッテ
Molte vie del centro storico sono [strette].

旧市街の多くの通りは狭いです。

▶ **vie** < **via** 321「通り」 **centro storico** 068「旧市街」

ウッファ ノン ラッシャーれ イ ヴェスティーティ スぽるキ スル パヴィメント
Uffa, non lasciare i vestiti [sporchi] sul pavimento!

ああ，もう，汚れた服を床の上に放置しないで！

▶ **uffa**「ああ，もう」 **lasciare** 487「残す」《**non** +不定詞で命令法 2 人称単数形の否定の形を作る》 **pavimento**「床」

ラルべるゴ エ ヴェッキオ マ プリート エ コモド
L'albergo è vecchio ma [pulito] e comodo.

ホテルは古いですが，清潔で快適です。

▶ **albergo** 141「ホテル」 **vecchio** 241「古い」 **comodo**「快適」

ルチーア ア イ カペッリ キアーり
Lucia ha i capelli [chiari].

ルチーアは明るい髪をしています。

▶ **capelli** 210「髪の毛」

イル チェーロ エ スクーろ エ スタ ぺる ピオーヴェれ
Il cielo è [scuro] e sta per piovere.

空は暗くて雨が降りそうだ。

▶ **cielo**「空」 **e**「そして」 **sta** < **stare per** +不定詞「〜しそうである」 **piovere** 121「雨が降る」

1回目	年 月 日 / 7	2回目	年 月 日 / 7	3回目	年 月 日 / 7	達成率 53 %

91

267 □ □ □
フォるトゥ**ナ**ート
fortunato

(形) 幸運な
- sfortun**a**to「不運な」
- fort**u**na「運, 幸運」

268 □ □ □
フェ**リ**ーチェ
felice

(形) 幸せな；うれしい
- felicit**à**「幸せ」
- cont**e**nto「うれしい；満足した」
- li**e**to「幸せな；うれしい」

269 □ □ □
レッテら
lettera
〔la, una〕

(名|女) 手紙；文字；
《複数形で》文学
- l**e**ttera d'am**o**re「ラブレター」

270 □ □ □
フらンコ**ボ**ッロ
francobollo
〔il, un〕

(名|男) 切手
- t**i**mbro「スタンプ；消印」
- b**u**sta「封筒」
- cartol**i**na「はがき」

271 □ □ □
スク**り**ーヴェれ
scrivere
活用 p.178

(他動) 書く
- disegn**a**re「絵を描く」

272 □ □ □
スペ**ディ**ーれ
spedire
活用 p.181

(他動) 送る
- spedizi**o**ne「発送」
- imbuc**a**re「投函する」
- mand**a**re「送る」

273 □ □ □
ダーれ
dare
活用 p.170

(他動) 与える；手渡す

39

セイ スタート フォるトゥナート アドッテネーれ イ ビッリエッティ
Sei stato [fortunato] ad ottenere i biglietti.

チケットを手に入れることができて運がよかったね。

▶ ottenere「手に入れる」 biglietti < biglietto **319**「チケット」

フェリーチェ ディ コノッシェるティ
[Felice] di conoscerti!

君に会えてうれしいよ！

▶ conoscerti < conoscere **405**「知り合う」 + ti「君を」

オ インテンツィオーネ ディ マンダーれ ウナ レッテら ア ファビオ
Ho intenzione di mandare una [lettera] a Fabio.

ファビオに手紙を送るつもりです。

▶ ho < avere intenzione di +不定詞「～するつもりだ」
mandare **272**「送る」

ヴォッれイ ウン フらンコボッロ ダ ドゥエ エウろ エ クアらンタ チェンテースィミ
Vorrei un [francobollo] da due euro e quaranta centesimi.

2 ユーロ 40 セントの切手を 1 枚ください。

▶ vorrei < volere **400**の条件法現在 1 人称単数形「～がほしい」
euro **389**「ユーロ」 centesimi < centesimo **389**「セント」

オ スクリット ウン メッサッジョ ア ミケーレ
[Ho scritto] un messaggio a Michele.

ミケーレ宛てにメッセージを書きました。

▶ messaggio「メッセージ」 a「～に」

スペディスコ クエスタ レッテら コン ポスタ らッコマンダータ
[Spedisco] questa lettera con posta raccomandata.

この手紙を書留で送ります。

▶ lettera **269**「手紙」 posta raccomandata「書留」

ティ ド クエスタ キアーヴェ
Ti [do] questa chiave.

君にこの鍵を渡すよ。

▶ ti「君に」 chiave **056**「鍵」

1回目	年 月 日 /7	2回目	年 月 日 /7	3回目	年 月 日 /7	達成率 54 %

93

274 チェッルラーれ
cellulare
〔il, un〕

名｜男 携帯電話
= telefonino
- smartphone「スマートフォン」
- telefono fisso「固定電話」

275 ヌーメろ
numero
〔il, un〕

名｜男 番号；数
- numero di telefono「電話番号」
- codice postale「郵便番号」

276 テレフォナーれ
telefonare
活用 p.174

自動 電話する (a)
- chiamare「電話する《他動詞》」

277 カンビアーれ
cambiare
活用 p.169

他動 変える，取り替える
自動 変わる
- scambiare「交換する」
- cambio「交換；両替」

278 イメイル
e-mail
〔l', un'〕

名｜女 無変化 メール
= mail
- indirizzo e-mail「メールアドレス」
- allegare「添付する」

279 インディりッツォ
indirizzo
〔l', un〕

名｜男 住所
- numero civico「番地」
- Cap (Codice di avviamento postale)「郵便番号」

280 コンピューテる
computer
〔il, un〕

名｜男 無変化 パソコン，コンピュータ
- (computer) portatile「ノート PC」
- (computer) desktop「デスクトップPC」

40

ヴォッリョ　コンプらーれ　ウン　チェッルラーれ　ヌオーヴォ
Voglio comprare un cellulare nuovo.

新しい携帯電話を買いたい。

▶ voglio < volere **400**「〜したい」 comprare **384**「買う」 nuovo **240**「新しい」

クアレ　イル　トゥオ　ヌーメろ　ディ　チェッルラーれ
Qual è il tuo numero di cellulare?

君の携帯の番号は何番？

▶ qual < quale「どれ，どちら」 cellulare **274**「携帯電話」

テレーフォナミ　オッジ　ポメりッジョ　ドポ　レ　トレ
Telefonami oggi pomeriggio dopo le tre!

今日の午後3時以降に私に電話して！

▶ telefonami < telefonare の命令法2人称単数形＋ mi「私に」
　oggi **095**「今日」 pomeriggio **101**「午後」 dopo「〜以降」

オ　カンビアート　ロ　ズマるトフォン
Ho cambiato lo smartphone.

スマートフォンを替えました。

▶ smartphone **274**「スマートフォン」

スタセーら　ティ　マンド　ウニメイル
Stasera ti mando un'e-mail.

今晩，君にメールするね。

▶ stasera「今晩」 mando < mandare **272**「送る」

ぺる　ファヴォーれ　スクリーヴァ　クイ　イル　スオ　インディりッツォ　ディ　カーサ
Per favore, scriva qui il suo indirizzo di casa!

ここにご自宅の住所を書いてください。

▶ scriva < scrivere **271**の命令法敬称単数形「書く」 qui「ここ」
　casa **051**「家」

ウルティマメンテ　ラヴォーろ　ダ　カーサ　コニル　ミオ　コンピューテる
Ultimamente lavoro da casa con il mio computer.

最近，自分のパソコンを使って在宅勤務をしています。

▶ ultimamente「最近」
　lavoro < lavorare da casa「在宅勤務をする」

1回目	年 月 日 ／7	2回目	年 月 日 ／7	3回目	年 月 日 ／7	達成率 **55 %**

281 □□□
ラヴォーろ

lavoro
〔il, un〕

名|男 仕事
- lavorare「働く」
- mestiere/professione「仕事, 職業」

282 □□□
エセンピオ

esempio
〔l', un〕

名|男 手本, モデル
- per [ad] esempio「例えば」

283 □□□
アッヴォカート

avvocato
〔l', un〕

名|男 弁護士
- 女性も男性形を用いる。
- legge「法律」
- tribunale「裁判所」

284 □□□
セグれターりオ

segretario
〔il, un〕

名|男 [-a] 秘書
- segreteria「事務局」

285 □□□
ウッフィーチョ

ufficio
〔l', un〕

名|男 オフィス, 事務所
- società/ditta/azienda「企業, 会社」
- compagnia「企業, 会社」

286 □□□
ウッフィーチョ ポスターレ

ufficio postale
〔l', un〕

名|男 郵便局
= posta
- buca [cassetta] delle lettere「郵便ポスト」
- postino[-a]「郵便配達員」

287 □□□
バンカ

banca
〔la, una〕

名|女 銀行
- bancario[-a]「銀行員」
- bancomat「ATM；キャッシュカード」

41

ヴォッリョ カンビアーれ ラヴォーろ
Voglio cambiare lavoro.

転職したい。

▶ voglio < volere **400**「～したい」 cambiare **277**「変える」

レイ エ ウン ブオン エセンピオ ぺる トゥッティ
Lei è un buon esempio per tutti.

彼女はみんなのよいお手本だ。

▶ buon < buono **334**「よい」 tutti「全員」

キエディアーモ コンスィッリョ アル ノストろ アッヴォカート
Chiediamo consiglio al nostro avvocato!

私たちの弁護士に相談しましょう。

▶ chiediamo < chiedere **488**の勧誘を示す命令法1人称複数形「頼む」
consiglio「助言」

エ ラ セグれターりア デル プれスィデンテ
È la segretaria del presidente.

彼女は社長の秘書です。

▶ presidente「社長」

ヴァド イヌッフィーチョ ア トーキョ イン トれーノ
Vado in ufficio a Tokyo in treno.

電車で東京のオフィスに行きます。

▶ vado < andare in ufficio「事務所に行く」

デヴォ アンダーれ アッルッフィーチョポスターレ ア スペディーれ ウン パッコ
Devo andare all'ufficio postale a spedire un pacco.

荷物を発送しに郵便局に行かなければなりません。

▶ devo < dovere **402**「～しなければならない」 spedire **272**「発送する」
pacco「荷物」

ヴォッれイ アプリーれ ウン コント イン バンカ
Vorrei aprire un conto in banca.

銀行に口座を開きたいです。

▶ vorrei < volere **400**の条件法現在1人称単数形「～したい」
aprire **491**「開く」 conto「口座」

1回目	年 月 日 / 7	2回目	年 月 日 / 7	3回目	年 月 日 / 7	達成率 57 %

288 ムセーオ
museo
〔il, un〕

名|男 美術館；博物館
- galleria「美術館；画廊」
- pinacoteca「絵画館」

289 ビブリオテーカ
biblioteca
〔la, una〕

名|女 図書館

290 アンバッシャータ
ambasciata
〔l', un'〕

名|女 大使館
- ambasciatore[-trice]「大使」
- ambasciata del Giappone in Italia
「駐伊日本大使館」

291 キエーサ
chiesa
〔la, una〕

名|女 教会
- cattedrale「司教座聖堂」
- basilica「大聖堂」
- duomo「《その都市で最も重要な教会》大聖堂」

292 カステッロ
castello
〔il, un〕

名|男 城
- 固有名詞の前ではしばしば最後の lo が落ちる。
- palazzo「宮殿」
- fortezza「城塞」

293 サーラ
sala
〔la, una〕

名|女 広間，ホール
- salone「大広間」

294 チーネマ
cinema
〔il, un〕

名|男 無変化 映画館；
《総称的》映画
- cinematografo の短縮形。
- film「映画」

42

ソーノ　アンダート　アル　ムセーオ　ディ　アルテ　コンテンポらーネア
Sono andato al [Museo] di arte contemporanea.

現代アート美術館に行きました。

▶ sono andato < andare **323**「行く」 arte **162**「芸術，美術」
contemporanea < contemporaneo「現代の」

ヴァード　スペッソ　イン　ビブリオテーカ
Vado spesso in [biblioteca].

図書館によく行きます。

▶ vado < andare **323**「行く」 spesso「しばしば」

ランバッシャータ　ディターリア　イン　ジャッポーネ　スィトろーヴァ　ア　ミタ
L'[ambasciata] d'Italia in Giappone si trova a Mita.

駐日イタリア大使館は三田にあります。

▶ si trova < trovarsi **486**「～にいる，ある」

ミオ　ノンノ　ヴァ　イン　キエーサ　ぺる　プれガーれ
Mio nonno va in [chiesa] per* pregare.

私の祖父はお祈りのために教会に行きます。

▶ nonno **031**「祖父」 va < andare **323**「行く」 pregare「祈る」
* per は a にしてもよい。

カステル　サンタンジェロ　エ　ヴィチーノ　アル　ヴァティカーノ
[Castel] Sant'Angelo è vicino al Vaticano.

サンタンジェロ城はヴァチカンに近いです。

▶ castel《固有名詞の前ではしばしば最後の lo が落ちる》
vicino a「～に近い」 Vaticano「ヴァチカン」

アッコモダーテヴィ　イン　サーラ
Accomodatevi in [sala]!

広間でくつろいでください！

▶ accomodatevi < accomodarsi の命令法 2 人称複数形「くつろぐ」

クエスト　フィーネ　セッティマーナ　アンディアーモ　アル　チーネマ
Questo fine settimana andiamo al [cinema].

私たちは今週末，映画館に行きます。

▶ andiamo < andare **323**「行く」 fine settimana **098**「週末」

1回目	年 月 日 / 7	2回目	年 月 日 / 7	3回目	年 月 日 / 7	達成率 58 %

295 テアートろ

teatro
〔il, un〕

名|男 劇場
- teatrale「劇場の」

296 りストらンテ

ristorante
〔il, un〕

名|男 レストラン
- pizzeria「ピッツェリーア」
- trattoria「トラットリーア」
- osteria「オステリーア，居酒屋」

297 バーる

bar
〔il, un〕

名|男 無変化 バール

298 パッサーれ

passare
活用 p.173

他動 越える；過ごす；合格する
自動 寄る；通る
- trascorrere「過ごす；過ぎる」
- superare「越える；合格する」

299 パガーれ

pagare
活用 p.172

他動 支払う
- pagamento「支払い」
- in contanti「現金で」

300 オスペダーレ

ospedale
〔l', un〕

名|男 病院
- clinica「診療所」
- pronto soccorso「救急病院」
- ambulanza「救急車」

301 フェッブれ

febbre
〔la, una〕

名|女 熱
- raffreddore「風邪」
- influenza「インフルエンザ；重い風邪」

43

ドヴェ イル グラン テアートろ ラ フェニーチェ
Dov'è il Gran [Teatro] La Fenice?

フェニーチェ劇場はどこですか。

▶ dove「どこに［へ］」
Gran Teatro La Fenice「(Fenice＝不死鳥) ヴェネツィアの劇場」

コノッシェ ウン ブオン りストらンテ クイ ヴィチーノ
Conosce un buon [ristorante] qui vicino?

この近くのおいしいレストランを知っていますか。

▶ conosce < conoscere 405「知っている」 buon < buono 334「おいしい」
qui vicino「この近く」

ファッチョ センプれ コラツィオーネ アル バーる
Faccio sempre colazione al [bar].

いつもバールで朝食をとります。

▶ faccio < fare 183「する」 sempre「いつも」 colazione 338「朝食」

スクースィ ア ケ オら パッサ ラウトブス
Scusi, a che ora [passa] l'autobus?

すみません，バスは何時に通りますか。

▶ scusi < scusare 045 の命令法敬称単数形「すみません」
a che ora「何時に」 autobus 313「バス」

ポッソ パガーれ コン ラ カるタ ディ クれーディト
Posso [pagare] con la carta di credito?

クレジットカードで支払えますか。

▶ posso < potere 401「〜できる」 carta di credito「クレジットカード」

ミア フィッリャ エ ナータ アッロスペダーレ サンタンナ ディ トリーノ
Mia figlia è nata all'[ospedale] Sant'Anna di Torino.

私の娘はトリノのサンタンナ病院で生まれました。

▶ figlia 023「娘」 è nata < nascere 307「生まれる」

オ ラ フェッブれ ア トれントット
Ho la [febbre] a 38 (trentotto).

38 度の熱があります。

▶ ho < avere 043「持つ」

1回目	年 月 日 / 7	2回目	年 月 日 / 7	3回目	年 月 日 / 7	達成率 60 %

302

メーディコ

medico
〔il, un〕

名｜男〈女医にも男性形を使用〉医者，医師
形 医学の
- dottore[-ressa]「医者，医師」

303

ブらーヴォ

bravo

形 すぐれた
- bravura「うまさ，上手」

304

インフェるミエーれ

infermiere
〔l', un〕

名｜男 [-a] 看護師
- curare「看護する」

305

マラッティーア

malattia
〔la, una〕

名｜女 病気
- malattia contagiosa「感染症」
- coronavirus「コロナウイルス」
- medicina「薬；医学」

306

マラート

malato
〔il, un〕

形 病気の　名｜男 [-a] 病人
- contagiato「感染した；[-a] 感染者」
- contagio / infezione「感染」

307

ナッシェれ

nascere
活用 p.177

自動 生まれる
- nascita「誕生」
- data di nascita「生年月日」
- neonato[-a]「新生児」

308

モりーれ

morire
活用 p.180

自動 死ぬ
- morte「死」
- morto「死んだ；[-a] 死者」
- funerale「葬儀」

44

デヴィ　コンスルターレ　ウン　メーディコ
Devi consultare un [medico]!

君は医者に診察してもらわなければいけない。

▶ devi < dovere **402**「〜しなければいけない」 consultare「〜に相談する」

せるジョ　エ　ウン　ブらーヴォ　メーディコ
Sergio è un [bravo] medico.

セルジョは優秀な医者です。

オ　キアマート　ウニンフェるミエーれ
Ho chiamato un [infermiere].

看護師を呼びました。

▶ ho chiamato < chiamare **474**「呼ぶ」

ミオ　スィーオ　ア　ウナ　グらーヴェ［レッジェーら］　マラッティーア
Mio zio ha una grave[leggera] [malattia].

私のおじは重症［軽症］です。

▶ zio **033**「おじ」 grave「重い」 leggera < leggero **250**「軽い」

ミア　ノンナ　エ　マラータ　ダ　テンポ
Mia nonna è [malata] da tempo.

私の祖母はしばらく前から病気です。

▶ nonna **032**「祖母」 da tempo「しばらく前から」

ミオ　フら テッロ　マッジョーれ　エ ナ ート イル クインディチ　アプリーレ
Mio fratello maggiore [è nato] il 15 (quindici) **aprile.**

私の兄は4月15日に生まれました。

▶ fratello maggiore **020**「兄」 aprile **081**「4月」

イ　ミエイ　ノンニ　ソーノ もるティ　ピュ ディ ディエチ　アンニ ファ
I miei nonni [sono morti] più di 10 (dieci) **anni fa.**

私の祖父母は10年以上前に亡くなりました。

▶ nonni「祖父母」 più「より〜，以上」 anni < anno **104**「年」 fa「〜前に」

---

309 インチデンテ
incidente
〔l', un〕

名|男 事故
- incidente ferroviario [aereo]
「鉄道［飛行機］事故」
- luogo dell'incidente「事故現場」

310 マッキナ
macchina
〔la, una〕

名|女 車，自動車；機械
- automobile「車，自動車」(=auto)
- patente di guida「運転免許証」
- benzina「ガソリン」

311 ビチクレッタ
bicicletta
〔la, una〕

名|女 自転車
= bici
- motocicletta「オートバイ」(=moto)

312 タッスィー / タクスィ
tassì/taxi
〔il, un〕

名|男 無変化 タクシー
- autista「運転手」
- tassametro「タクシー・メーター」

313 アウトブス
autobus
〔l', un〕

名|男 無変化 バス
- pullman「長距離バス」
- corriera「定期バス」

314 アエーれオ
aereo
〔l', un〕

名|男 飛行機
- volo「フライト，飛行便」
- aeroporto「飛行場」

315 ナーヴェ
nave
〔la, una〕

名|女 船
- nave da crociera「大型客船」
- barca「小型の船」

45

オ ヴィスト ウニンチデンテ ストらダーレ
Ho visto un ｜incidente｜ stradale.

交通事故を見た。

▶ ho visto ＜ vedere 223「見る」 incidente stradale「交通事故」

ヴェンゴ ア カーサ トゥア イン マッキナ
Vengo a casa tua in ｜macchina｜.

車で君の家に行きます。

▶ vengo ＜ venire 325「行く」 casa 051「家」

サーら エ ヴェヌータ クイ イン ビチクレッタ
Sara è venuta qui in ｜bicicletta｜.

サーラは自転車でここに来ました。

▶ è venuta ＜ venire 325「来る」 qui「ここ」

プオー キアマーれ ウン タッスィー ぺる ファヴォーれ
Può chiamare un ｜tassì｜ per favore?

タクシーを呼んでいただけますか。

▶ può ＜ potere 401「〜できる」 chiamare 474「呼ぶ」

ディ ソリト プれンディアーモ ラウトブス ぺる アンダーれ アル ラヴォーろ
Di solito prendiamo l'｜autobus｜ per andare al lavoro.

私たちはいつもバスで通勤しています。

▶ di solito「ふだんは」 prendiamo ＜ prendere 332「乗る」
andare 323「行く」 lavoro 281「仕事」

スィアーモ ヴェヌーティア パレるモ コン ラエーれオ
Siamo venuti a Palermo con* l'｜aereo｜.

私たちは飛行機でパレルモに来ました。

▶ siamo venuti ＜ venire 325「来る」 con ＋冠詞＋乗り物「〜で」
* con l'aereo は in aereo にしてもよい。

クエスタ ナーヴェ パるテ ぺる れッジョ カラーブリア
Questa ｜nave｜ parte per Reggio Calabria.

この船はレッジョ・カラーブリアに向けて出発します。

▶ parte ＜ partire 327「出発する」 per「〜に」

316

トれーノ

treno
〔il, un〕

名｜男 列車，電車
- prima [seconda] classe「1 [2] 等」
- vagone「車両」

317

メトろ / メトろー

metro / metrò
〔la, una〕

名｜女 無変化 地下鉄
- metropolitana の短縮形。
- linea「路線」
- tram「路面電車」

318

スタツィオーネ

stazione
〔la, una〕

名｜女 駅
- binario「線路；駅のホーム」
- fermata「停留所」

319

ビッリェット

biglietto
〔il, un〕

名｜男 切符，チケット
- biglietteria「切符売り場」
- obliteratrice「(切符の) 打刻機」

320

ストらーダ

strada
〔la, una〕

名｜女 道
- marciapiede「歩道」
- autostrada「高速道路」

321

ヴィーア

via
〔la, una〕

名｜女 通り
- corso「大通り」
- viale「大通り」
- calle「(ヴェネツィアの) 小路」

322

セマーフォろ

semaforo
〔il, un〕

名｜男 信号 (機)
- traffico「交通；混雑」

46

ダ　ケ　　ビナーリオ　　パルテ　イル　トれーノ　ぺる　ミラーノ
Da che binario parte il treno per Milano?

ミラノ行きの列車は何番ホームから出発しますか。

▶ **che**「何の，どんな」 **binario** 318「線路；駅のホーム」
 parte < **partire** 327「出発する」 **per**「～行きの」

オッジ　ラ　　メトろ　　エ　イン　りたるド　ディ　ディエチ　　ミヌーティ
Oggi la metro è in ritardo di 10 (dieci) minuti.

地下鉄は今日，10分遅れている。

▶ **oggi** 095「今日」 **è** < **essere in ritardo**「遅れている」
 minuti < **minuto** 107「～分」

アッローら　チ　ヴェディアーモ　アッラ　スタツィオーネ　　ヴァ　ベーネ
Allora, ci vediamo alla stazione! Va bene?

それじゃあ，駅で会いましょう！　OK？

▶ **allora**「それじゃあ」 **ci vediamo** < **vedersi** の勧誘を示す命令形1人称
 複数形「(お互いが) 会う」 **va bene**「OK」

ウン　ビッリエット　ディ アンダータ エ りトルノ　ぺる　バーり　ぺる ファヴォーれ
Un biglietto di andata e ritorno per Bari, per favore!

バーリ行きの往復切符を1枚ください。

▶ **andata e ritorno**「往復」

トゥッテ　レ　　ストらーデ　　ぽるタノ　　ア　ろーマ
Tutte le strade portano a Roma.

すべての道はローマに通ず。

▶ **tutte** < **tutto** 451「すべての」 **portano** < **portare** 329「道が通じている」

ヴィア　　カンピ　エ　ラ　　セコンダ　　ア　デストら
Via Campi è la seconda a destra.

カンピ通りは右側2番目です。

▶ **seconda** < **secondo** 449「2番目の」 **destra** 498「右側」

イル　セマーフォろ　　エ　　ヴェるデ [ろッソ]
Il semaforo è verde [rosso].

信号は青 [赤] です。

▶ **verde**「緑；(信号の) 青」 **rosso**「赤」

1回目	年 月 日 ／7	2回目	年 月 日 ／7	3回目	年 月 日 ／7	達成率 64 %

107

323 アンダーれ
andare
活用 p.169

自動 行く
- andare a +不定詞「〜しに行く」

324 ディリット
diritto

形 まっすぐな　副 まっすぐに
= dritto
- girare a destra [sinistra]「右 [左] に曲がる」

325 ヴェニーれ
venire
活用 p.181

自動 来る, (相手がいるところに)行く
- venire a +不定詞「〜しに来る[行く]」

326 トるナーれ
tornare
活用 p.175

自動 帰る, 戻る
- ritornare「元の場所へ戻る」
- ritorno「帰り, 帰ること」

327 パるティーれ
partire
活用 p.180

自動 出発する
- partenza「出発」

328 アッりヴァーれ
arrivare
活用 p.169

自動 着く, 到着する
- giungere a「自動 〜に着く」
- raggiungere「他動 〜に着く」
- arrivo「到着」

329 ぽるターれ
portare
活用 p.173

他動 持ってくる, 持っていく;
　　　着用している
- trasportare「運ぶ, 運送する」
- vestire「着せる; 着る; 着ている」

47

ドヴェ ヴァーイ イン ヴァカンツァ クエスタンノ
Dove [vai] in vacanza quest'anno?

今年はバカンスでどこに行くの？

▶ dove「どこに(へ)」 vacanza **070**「バカンス」 quest'anno「今年」

ヴァダ センプれ ディリット ぺる クエスタ ストらーダ
Vada sempre [diritto] per questa strada!

この道をずっとまっすぐ行ってください。

▶ vada < andare **323**の命令法敬称単数形「行く」 sempre「ずっと」
strada **320**「道」

アンキーオ ヴェンゴ アッら フェスタ
Anch'io [vengo] alla festa.

僕もパーティに行くよ。

▶ anch'io < anche io「僕[私]も」 festa **437**「パーティ」

ア ケ オーら トるニ スタセーら
A che ora [torni] stasera?

今日の夜は何時に帰る？

▶ a che ora「何時に」 stasera「今晩」

ろッサーナ パるテ ドマーニ ぺる リンギルテッら
Rossana [parte] domani per l'Inghilterra.

ロッサーナは明日，イギリスに出発します。

▶ domani **096**「明日」 Inghilterra **132**「イギリス」

アッりーヴォ フら チンクエ ミヌーティ
[Arrivo] fra* 5(cinque) minuti!

5分後に到着します！

▶ fra「～後に」 minuti < minuto **107**「～分」
＊ fra は tra にしてもよい。

ダ クアンド ぽるティ リ オッキアーリ
Da quando [porti] gli occhiali?

君はいつからメガネをかけているの？

▶ da quando「いつから」 occhiali **377**「メガネ」

1回目	年 月 日 /7	2回目	年 月 日 /7	3回目	年 月 日 /7	達成率 65 %

330 □ □ □
バーニョ
bagno
〔il, un〕

名|男 トイレ；風呂；入浴
- **do**ccia「シャワー」
- **toilette**「トイレ《トワレットと発音》」

331 □ □ □
クチーナ
cucina
〔la, una〕

名|女 台所；料理
- **cucinare**「料理する」
- **cuocere**「加熱調理する」
- **preparare la tavola**「食卓を準備する」

332 □ □ □
プレンデレ
prendere
活用 p.177

他動 取る；持って行く；買う；
（レストランやバールで）**食べる，**
飲む；乗る

333 □ □ □
パスト
pasto
〔il, un〕

名|男 食事
- **cibo**「食べ物，食品」

334 □ □ □
ブオーノ
buono
〔il, un〕

形 おいしい，よい，優しい
名|男 [-a] よい人
- **ottimo**「最高の」

335 □ □ □
マンジャーれ
mangiare
活用 p.172

他動 食べる

336 □ □ □
プれパらーれ
preparare
活用 p.173

他動 準備する，用意する
- **preparazione**「準備，用意」

48

スクースィ　ドヴェ　イル　バーニョ
Scusi, dov'è il bagno?

すみません，お手洗いはどこですか。

▶ scusi < scusare 045の命令法敬称単数形「すみません」
dov'è < dove è「〜はどこですか」

ヴァード　イン　クチーナ　ア　プれパらーれ　イル　プらンゾ
Vado in cucina a preparare il pranzo.

台所に行って昼食の準備をします。

▶ vado < andare 323「行く」 pranzo 339「昼食」

プれンディアーモ　クアルコーサ　ダ　ベーれ
Prendiamo qualcosa da bere!

何か飲み物を飲もう！

▶ prendiamo < prendere の勧誘を示す命令法1人称複数形
qualcosa da bere「何か飲み物」

ミオ　パードれ　ベーヴェ　センプれ　イル カッフェー　ドーポ　イ　パスティ
Mio padre beve sempre il caffè dopo i pasti.

父は食事の後いつもコーヒーを飲みます。

▶ padre 018「父」 beve < bere 337「飲む」 sempre「いつも」
caffè 358「コーヒー」 dopo「〜の後」

ケ　フオーナ　クエスタ　トるタ
Che buona questa torta!

このケーキおいしいね！

▶ che「なんという」 torta 353「ケーキ」

アッビアーモ　マンジャート　プろープリオ　ベーネ
Abbiamo mangiato proprio bene!

本当においしく食べました！

▶ proprio「本当に」 bene 409「おいしく，よく」

らガッツィ　プれパらーテ　ラ　ターヴォラ
Ragazzi, preparate la tavola!

みんな，食卓を準備して！

▶ ragazzi「《呼びかけ》みんな」《この場合 ragazzo は「少年」の意味ではない》
preparate < preparare の命令法2人称複数形 tavola 058「食卓」

| 1回目 | 年 月 日 ／7 | 2回目 | 年 月 日 ／7 | 3回目 | 年 月 日 ／7 | 達成率 67 % |

文法復習④　前置詞と副詞
Le preposizioni e gli avverbi

前置詞

ア **a**	～に，～へ	Abito a Milano.「私はミラノに住んでいます」 Mi alzo alle 6.「私は 6 時に起きます」 Gioco a calcio.「私はサッカーをします」
ディ **di**	～の	Roma è la capitale dell'Italia. 「ローマはイタリアの首都です」 Sono di Firenze.「私はフィレンツェの出身です」
ダ **da**	～から； ～のところへ	Sono venuta dal Giappone.「私は日本から来ました」 Vado da Lucia.「私はルチーアのところに行きます」
イン **in**	～に；～で	Lui abita in Francia.「彼はフランスに住んでいます」 Sono nata nel 2000.「私は 2000 年に生まれました」
コン **con**	～と一緒に； ～を用いて	Esco con gli amici.「私は友だちと一緒に出かけます」 Viaggio con il pullman.「私はバスで旅行します」
ぺる **per**	～のために； ～に向かって	Questo è un regalo per te. 「これは君へのプレゼントです」 Parto per la Spagna.「私はスペインへ出発します」
ス **su**	～の上に； ～について	Lo smartphone è sul tavolo. 「スマホはテーブルの上にあります」

＊ 前置詞の a，di，da，in，su は，その後ろに定冠詞が続くときに，結合してひとつの形（冠詞前置詞）になります。例）al，della，negli など。

＊ そのほかの前置詞として，fra／tra「～後に；～の間に」senza「～なしで」fino「～まで」sotto「～の下に」durante「～の間に」などがあります。

副詞

モルト **molto**	とても	La figlia di Salvo è molto carina. 「サルヴォの娘さんはとてもかわいい」
ベーネ **bene**	よく，上手に	Taro parla molto bene l'italiano. 「太郎はイタリア語をとても上手に話します」
マーレ **male**	悪く；まずく	Mi sento male.「私は気分が悪いです」
タント **tanto**	とても，非常に	Mi piace tanto questo vestito. 「私はこの服がとても気に入っています」
トロッポ **troppo**	あまりにも，非常に； ～すぎる	Oggi fa troppo caldo.「今日は暑すぎる」

動詞の活用

第1群規則動詞 amare「愛する」	第1群規則動詞 特殊形 cercare「探す」	第2群規則動詞 temere「恐れる」
io amo	io cerco	io temo
tu ami	tu cerchi	tu temi
lui/lei/Lei ama	lui/lei/Lei cerca	lui/lei/Lei teme
noi amiamo	noi cerchiamo	noi temiamo
voi amate	voi cercate	voi temete
loro amano	loro cercano	loro temono
過去分詞 amato	過去分詞 cercato	過去分詞 temuto

第3群規則動詞 sentire「聞く」	再帰動詞 alzarsi「起きる」
io sento	io mi alzo
tu senti	tu ti alzi
lui/lei/Lei sente	lui/lei/Lei si alza
noi sentiamo	noi ci alziamo
voi sentite	voi vi alzate
loro sentono	loro si alzano
過去分詞 sentito	過去分詞 alzatosi[mi, ti] alzatisi[ci, vi]

主な不規則動詞

andare	行く	vado, vai, va, andiamo, andate, vanno; andato
bere	飲む	bevo, bevi, beve, beviamo, bevete, bevono; bevuto
dare	与える	do, dai, dà, diamo, date, danno; dato
dire	言う	dico, dici, dice, diciamo, dite, dicono; detto
fare	～する	faccio, fai, fa, facciamo, fate, fanno; fatto
stare	いる, ある	sto, stai, sta, stiamo, state, stanno; stato
venire	来る	vengo, vieni, viene, veniamo, venite, vengono; venuto
volere	欲しい；～したい	voglio, vuoi, vuole, vogliamo, volete, vogliono; voluto
potere	～できる	posso, puoi, può, possiamo, potete, possono; potuto
dovere	～しなければならない	devo, devi, deve, dobbiamo, dovete, devono; dovuto
sapere	知っている；～できる	so, sai, sa, sappiamo, sapete, sanno; saputo

337

ベーれ

bere
活用 p.175

(他動) 飲む
- bevanda「飲み物」
- bibita「ノンアルコール飲料」
- alcolico「アルコール飲料」

338

コラツィオーネ

colazione
〔la, una〕

(名|女) 朝食
- fare colazione「朝食をとる」

339

プらンゾ

pranzo
〔il, un〕

(名|男) 昼食
- pranzare「昼食をとる」

340

チェーナ

cena
〔la, una〕

(名|女) 夕食
- cenare「夕食をとる」

341

スパゲッティ

spaghetti
〔gli〕

(名|男・複) スパゲティ
- pasta「《総称的》パスタ」
- penne「ペンネ」
- gnocchi「ニョッキ」

342

ピッツァ

pizza
〔la, una〕

(名|女) ピッツァ
- pizza al taglio「角切りピッツァ」
- pizzeria「ピッツェリーア」
- pizzaiolo[-a]「ピッツァ職人」

343

リーソ

riso
〔il〕

(名|男) 米
- risotto「リゾット」

49

エレオノーら　ノン　ベーヴェ　アッソルタメンテ　アルコーリチ
Eleonora non [beve] assolutamente alcolici.

エレオノーラはアルコール飲料をまったく飲みません。

▶ assolutamente「まったく」 alcolici < alcolico 337「アルコール飲料」

ラ　コラツィオーネ　エ　インクルーサ　ネル　プれッツォ　デッラ　カーメら
La [colazione] è inclusa nel prezzo della camera?

朝食は部屋代に含まれていますか。

▶ inclusa < incluso「含まれた」 prezzo 384「値段」 camera 053「部屋」

イル　プらンゾ　エ　プろント　ヴェニーテ　ア　ターヴォラ
Il [pranzo] è pronto, venite a tavola!

昼食ができたよ，食卓について！

▶ pronto「準備のできた」 venite < venire 325 の命令法2人称複数形「来る」
tavola 058「食卓」

ヴィエーニ　ア　チェーナ　ア　カーサ　ノストら　スタセーら
Vieni a [cena] a casa nostra stasera?

今晩，私たちの家に夕食を食べに来ない？

▶ vieni < venire 325「来る」 casa 051「家」 stasera「今晩」

オッジ　プれパーろ　リ　スパゲッティ　アッレ　ヴォンゴレ
Oggi preparo gli [spaghetti] alle vongole.

今日はヴォンゴレ・スパゲティを作ります。

▶ preparo < preparare 336「準備する」 vongole「アサリ」

プれンド　ウナ　ピッツァ　マるゲリータ
Prendo una [pizza] Margherita.

ピッツァ・マルゲリータをください。

▶ prendo < prendere 332「取る；食べる」 Margherita「マルゲリータ」

アンケ　イニターリア　クチーナノ　スペッソ　イル　りーソ
Anche in Italia cucinano spesso il [riso].

イタリアでもよく米を料理します。

▶ anche「〜も」 cucinano < cucinare 331「料理する」 spesso「しばしば」

1回目	年 月 日 ／7	2回目	年 月 日 ／7	3回目	年 月 日 ／7	達成率 68 %

344
パーネ

pane
〔il〕

名|男 パン
- due fette di pane「パン2切れ」
- panetteria「パン店」
- panino「パニーノ」

345
ブッろ

burro
〔il〕

名|男 バター
- margarina「マーガリン」

346
フォるマッジョ

formaggio
〔il, un〕

名|男 チーズ
- cacio「チーズ」
- formaggio grattugiato「粉チーズ」

347
オーリオ

olio
〔l'〕

名|男 オリーブオイル；食用油
- olio extravergine d'oliva「エキストラバージン・オリーブオイル」
- aceto balsamico「バルサミコ酢」

348
カるネ

carne
〔la〕

名|女 肉
- carne bovina「牛肉」
- carne di maiale「豚肉」
- pollo「鶏肉」

349
ペッシェ

pesce
〔il, un〕

名|男 魚
- frutti di mare「海の幸」
- tonno「マグロ」
- salmone「サーモン」

350
ヴェるドゥーら

verdura
〔la, una〕

名|女 野菜
- insalata「サラダ」
- pomodoro「トマト」
- zucchina[-o]「ズッキーニ」

50

ポッソ　アヴェーれ　ウン　ポ　ディ　パーネ　ぺる　ファヴォーれ
Posso avere un po' di [pane] per favore?

パンを少しいただけますか。

▶ posso < potere **401**「〜できる」 avere **043**「手に入れる」
un po' di「〜を少々」

クエスティ　ビスコッティ　ソーノ　センツァ　ブッろ
Questi biscotti sono senza [burro].

これらのクッキーにはバターは入っていません。

▶ questi < questo「この」 biscotti < biscotto「クッキー」
senza「〜なしで」

イニターリア　チ　ソーノ　ヴァーり　ティーピ　ディ　フォるマッジョ
In Italia ci sono vari tipi di [formaggio].

イタリアには様々な種類のチーズがあります。

▶ vari < vario「様々な」 tipi < tipo「種類」

ローリオ　ドリーヴァ　エ　モルト　ウサート　ネッラ　クチーナ　イタリアーナ
L'[olio] d'oliva è molto usato nella cucina italiana.

オリーブオイルはイタリア料理でよく使われます。

▶ olio d'oliva「オリーブオイル」 è usato < essere usato《現在形の受動態》
468「使われる」 cucina italiana「イタリア料理」

アンナ　エ　ヴェジェタりアーナ　エ　ノン　マンジャ　かるネ
Anna è vegetariana e non mangia [carne].

アンナはベジタリアンで肉は食べません。

▶ vegetariana < vegetariano「ベジタリアン」
mangia < mangiare **335**「食べる」

ラ　ヴィジーりゃディ　ナターレ　り　イタリアーニ　マンジャノ　イル　ペッシェ
La vigilia di Natale gli italiani mangiano il [pesce].

クリスマスイブには，イタリア人は魚を食べます。

▶ vigilia di Natale「クリスマスイブ」 italiani < italiano **127**「イタリア人」
mangiano < mangiare **335**「食べる」

ア　ミオ　フィッりョ　ノン　ピアッチョノ　レ　ヴェるドゥーれ
A mio figlio non piacciono le [verdure].

私の息子は野菜が嫌いです。

▶ figlio **022**「息子」 piacciono < piacere **404**「好きである」

351 フ**る**ッタ
frutta
〔la〕

名|女 果物
- fru**tt**o「実，果実」
- m**e**la「リンゴ」
- ar**a**ncia「オレンジ」

352 ウオ**ー**ヴォ
uovo
〔l', un〕

名|男 卵
- 複数形は le u**o**va。
- tu**o**rlo/r**o**sso「卵黄」
- alb**u**me/bi**a**nco「卵白」

353 ド**ル**チェ
dolce
〔il, un〕

名|男 お菓子，ケーキ；デザート
形 甘い
- dessert「デザート」
- t**o**rta「ケーキ」

354 チョッコ**ラ**ート
cioccolato
〔il〕

名|男 チョコレート
- cioccol**a**ta「ココア；チョコレート」

355 **ヴ**ィーノ
vino
〔il, un〕

名|男 ワイン
- spum**a**nte「発泡性ワイン」
- enot**e**ca/viner**i**a「ワイン店」
- **u**va「ブドウ」

356 ビッ**ら**
birra
〔la, una〕

名|女 ビール
- b**i**rra analc**o**lica「ノンアルコールビール」
- b**i**rra alla sp**i**na「生ビール」
- b**i**rra artigian**a**le「クラフトビール」

357 **ア**ックア
acqua
〔l', un'〕

名|女 水
- **a**cqua frizz**a**nte [gass**a**ta]「炭酸水」

51

マンジャーれ　フるッタ　ファ　ベーネ　アッラ　サルーテ
Mangiare frutta fa bene alla salute.

果物を食べるのは健康にいいです。

▶ mangiare 335「食べる」 fa < fare bene a「〜によい」 salute「健康」

ぺる　クエスタ　りチェッタ　せるヴォノ　ファリーナ　エ　ウオーヴァ
Per questa ricetta servono farina e uova.

このレシピには小麦粉と卵が必要です。

▶ ricetta「レシピ」 servono < servire「必要である」 farina「小麦粉」

ミア　ノンナ　エ　ブらーヴァ　ア　ファーれ　イ　ドルチ
Mia nonna è brava a fare i dolci.

私の祖母はお菓子を作るのが上手い。

▶ nonna 032「祖母」 brava < bravo 303「すぐれた」 fare 183「作る」

プれフェリッシ　イル　チョッコラート　フォンデンテ　オ　クエッロ　アル　ラッテ
Preferisci il cioccolato fondente o quello al latte?

ダークチョコレートとミルクチョコレートのどちらが好き？

▶ preferisci < preferire 413「〜をより好む」cioccolato fondente「ダークチョコ」 quello《前出の名詞の代用、この場合は cioccolato al latte「ミルクチョコ」》

プれフェриスコ　イル　ヴィーノ　ろッソ　ア　クエッロ　ビアンコ
Preferisco il vino rosso a quello bianco.

白ワインより赤ワインのほうが好きです。

▶ preferisco < preferire 413「〜をより好む」 rosso「赤」 a「〜より」 bianco「白」

ウナ　ビッら　ピッコラ　ぺる　ファヴォーれ
Una birra piccola, per favore!

小ビールをお願いします。

▶ piccola < piccolo 246「小さい」

ヴォッれイ　ウナ　ボッティッリャ　ダックア　ナトゥらーレ　ぺる　ファヴォーれ
Vorrei una bottiglia d'acqua naturale, per favore.

ミネラルウォーターを一瓶ください。

▶ vorrei < volere 400の条件法現在1人称単数形「〜がほしい；〜したい」 bottiglia 362「ボトル，瓶」 acqua naturale「ミネラルウォーター」

| 1回目 | 年 月 日 / 7 | 2回目 | 年 月 日 / 7 | 3回目 | 年 月 日 / 7 | 達成率 71 % |

119

358

カッ**フェ**ー

caffè
〔il, un〕

名｜男 無変化 コーヒー；カフェ

- イタリアで caffè と注文すると，
  espresso「エスプレッソ」が出される。
- cappuccino「カプチーノ」

359

テー

tè
〔il, un〕

名｜男 無変化 紅茶

- tè verde「緑茶」
- tè in bustina「ティーバッグ」
- tazza「カップ」

360

ピ**ア**ット

piatto
〔il, un〕

名｜男 皿；料理

- cibo「食べ物」
- cucina「料理」
- pasto「食事」

361

クッキ**アイ**オ

cucchiaio
〔il, un〕

名｜男 スプーン；スプーン一杯の量

- forchetta「フォーク」
- coltello「ナイフ」
- posata「カトラリー」

362

ボッ**ティ**ッリャ

bottiglia
〔la, una〕

名｜女 瓶，ボトル

- barattolo「瓶；缶」
- lattina「缶」
- bottiglia di plastica「ペットボトル」

363

ズッケろ

zucchero
〔lo〕

名｜男 砂糖

- sale「塩」
- pepe「胡椒」
- limone「レモン」

364

スィガ**れ**ッタ

sigaretta
〔la, una〕

名｜女 たばこ

- fumare「たばこを吸う」
- fumo「喫煙；煙」
- tabacco「(原料の) タバコ」

52

ヴオイ ウン カッフェー スィ グらーツィエ センツァ ズッケろ べる ファヴォーれ

Vuoi un [caffè]?—Sì grazie, senza zucchero per favore!

コーヒーはいかが？―はい，ありがとう，砂糖なしでお願いします。

▶ vuoi < volere **400**「〜がほしい」 senza「〜なしで」 zucchero **363**「砂糖」

ディ ソリト ア コラツィオーネ ベーヴォ イル テ

Di solito a colazione bevo il [tè].

普段，朝食に紅茶を飲みます。

▶ di solito「ふだんは」 colazione **338**「朝食」 bevo < bere **337**「飲む」

コサ プれンデーテ コメ プリモ ピアット

Cosa prendete come primo [piatto]?

プリモ・ピアットは何を食べますか。

▶ cosa「《疑問文で》何」 prendete < prendere **332**「取る；食べる」
come「〜として；〜のように」 primo **449**「最初の」

メッテーテ ウン クッキアイオ ディ サーレ

Mettete un [cucchiaio] di sale!

スプーン一杯の塩を入れてください。

▶ mettete < mettere **477**の命令法2人称複数形「入れる」 sale **363**「塩」

オ ぽるタート ウナ ボッティッリャ ディ シャンパーニュ

Ho portato una [bottiglia] di champagne!

シャンパンを一本持ってきたよ！

▶ ho portato < portare **329**「持ってくる，持っていく」
champagne「シャンパン」

ヴオイ ロ ズッケろ

Vuoi lo [zucchero]?

砂糖いる？

▶ vuoi < volere **400**「〜がほしい」

アイ ウナ スィガれッタ

Hai una [sigaretta]?

たばこ持ってる？

▶ hai < avere **043**「持つ」

365 モーダ
moda
〔la, una〕
名|女 ファッション；流行
- sfilata di moda「ファッションショー」

366 アビト
abito
〔l', un〕
名|男 ドレス；服
- abbigliamento「《総称的》服」

367 ヴェス**ティ**ート
vestito
〔il, un〕
名|男 服
- indossare/mettersi/vestirsi「着る」

368 カミーチャ ダ ウオーモ
camicia (da uomo)
〔la, una〕
名|女 ワイシャツ
- camicetta「ブラウス」

369 コンプ**レ**ート
completo
〔il, un〕
名|男 スーツ

370 カッ**ポ**ット
cappotto
〔il, un〕
名|男 コート
- piumino「ダウンジャケット」

371 ジャッカ
giacca
〔la, una〕
名|女 上着，ジャケット
- giacca a un [doppio] petto「シングル [ダブル] のジャケット」

53

クエスタンノ　ヴァ　ディ　モーダ　ラ　ミニゴンナ
Quest'anno va di moda la minigonna.

今年はミニスカートが流行っている。

▶ **va** < **andare di moda**「流行っている」
minigonna 373「ミニスカート」

ティ　スタ　ベニッスィモ　クエスト　アビト　ろーサ
Ti sta benissimo questo abito rosa!

このピンクのドレスは君にとてもよく似合ってるね！

▶ **ti**「君に」 **sta** < **stare**「似合う」 **benissimo** < **bene** 409 の絶対最上級「とてもよく」 **rosa**「ピンクの《無変化》」

オ　タンティ　ヴェスティーティ　ぺるケー　ミ　ピアーチェ　ラ　モーダ
Ho tanti vestiti perché mi piace la moda.

ファッションが好きなので，たくさんの服を持っています。

▶ **perché**「～なので」 **piace** < **piacere** 404「好きである」

クアント　コスタ　クエスタ　カミーチャ　ディ　コトーネ
Quanto costa questa camicia di cotone?

このコットンのワイシャツはいくらですか。

▶ **quanto**「どれだけ」 **costa** < **costare** 391「値段が～である」
cotone「コットン，木綿」

オ　コンプらート　ウン　コンプレート　ヌオーヴォ
Ho comprato un completo nuovo.

新しいスーツを買いました。

▶ **ho comprato** < **comprare** 384「買う」 **nuovo** 240「新しい」

メッタ　クイ　イル　カッポット
Metta qui il cappotto!

コートはここにかけてください。

▶ **metta** < **mettere** 477 の命令法敬称単数形「置く」 **qui**「ここ」

ノン　ディメンティキ　ラ　スア　ジャッカ
Non dimentichi la sua giacca!

あなたの上着を忘れないでください。

▶ **dimentichi** < **dimenticare** 420 の命令法敬称単数形「忘れる」

---

372 パンタローニ
pantaloni
〔i〕

名|男・複 ズボン
- pantaloncini「半ズボン」

373 ゴンナ
gonna
〔la, una〕

名|女 スカート
- minigonna「ミニスカート」

374 スカるペ
scarpe
〔le〕

名|女・複 靴
- scarpe con il tacco alto「ハイヒール」

375 くらヴァッタ
cravatta
〔la, una〕

名|女 ネクタイ
- cravatta a farfalla「蝶ネクタイ」
- spilla da cravatta「ネクタイピン」

376 カッペッロ
cappello
〔il, un〕

名|男 帽子
- berretto「ハンチング」
- cappellino「ベースボールキャップ」
- paglietta「麦わら帽子」

377 オッキアーリ
occhiali
〔gli〕

名|男・複 メガネ
- occhiali da sole「サングラス」

378 グアンティ
guanti
〔i〕

名|男・複 手袋
- sciarpa「マフラー」
- cappello「帽子」

124

54

ケ　タッリャ　ポるタ　ディ　パンタローニ
Che taglia porta di pantaloni?

ズボンのサイズはいくつですか。

▶ che「どんな」 taglia「サイズ」 porta < portare 329「着用している」

クエスタ　ゴンナ　エ　モルト　カリーナ
Questa gonna è molto carina!

このスカートはとてもかわいいですね！

▶ questa < questo「この」 carina < carino 396「かわいい」

ケ　ヌメろ　ディ　スカるペ　ア　オ　イル　トれンタセーイ
Che numero di scarpe ha?—Ho il 36 (trentasei).

靴のサイズはおいくつですか。—36 です。

▶ numero di scarpe「靴のサイズ」
イタリアの 36 は日本の 23 センチにあたる。

プれフェリスコ　ラ　クらヴァッタ　アッズっら　ア　クエッら　ろッサ
Preferisco la cravatta azzurra a quella rossa.

赤いネクタイより青いネクタイのほうが好きです。

▶ preferisco < preferire A a B 413「B よりも A のほうが好きだ」
quella < quello「《前出の名詞の代わりとして》それ」

ロれンツォ　ポるタ　センプれ　イル　カッペッロ
Lorenzo porta sempre il cappello.

ロレンツォはいつも帽子を身に付けています。

▶ porta < portare 329「着用している」 sempre「いつも」

ノン　ポッソ　ピュ　レッジェれ　センツァ　オッキアーリ
Non posso più leggere senza occhiali.

メガネなしではもはや本を読むことはできません。

▶ non ... più「もはや～ない」 leggere 473「読書する」
senza「～なしで」

ノン　トろーヴォ　イ　ミエイ　グアンティ
Non trovo i miei guanti.

私の手袋が見つかりません。

▶ trovo < trovare 486「見つける」

1回目	年 月 日 ／7	2回目	年 月 日 ／7	3回目	年 月 日 ／7	達成率 75 %

379 □□□
オろロージョ
orologio
〔l', un〕

名|男 時計
- orologio da polso「腕時計」
- orologio digitale「デジタル時計」

380 □□□
ボるサ
borsa
〔la, una〕

名|女 カバン
- valigia「スーツケース」
- borsetta「ハンドバッグ」
- zaino「リュックサック」

381 □□□
オンブれッロ
ombrello
〔l', un〕

名|男 傘
- ombrello pieghevole「折りたたみ傘」

382 □□□
ネゴーツィオ
negozio
〔il, un〕

名|男 店
- centro commerciale「ショッピングセンター」
- grande magazzino「デパート」
- cassa「レジ」

383 □□□
スカートラ
scatola
〔la, una〕

名|女 箱
- scatolone/scatola di cartone「段ボール箱」
- contenitore「容器」

384 □□□
コンプらーれ
comprare
活用 p.170

他動 買う
- acquistare「購入する，買う」
- prezzo「値段」

385 □□□
ベッロ
bello
〔il, un〕

形 きれいな，美しい
名|男 [-a] 美しい人
- bellezza「美しさ」

クエスト　オロロージョ　ダ　ポルソ　エ　ウン　れガーロ　ディ　ミオ　パードれ
Questo [orologio] da polso è un regalo di mio padre.

この腕時計は父からのプレゼントです。

▶ questo「この」 regalo 436「プレゼント」 padre 018「父」

イル　スオ　アるマーディオ　エ　ピエーノ　ディ　ボるセ　エ　ヴェスティーティ
Il suo armadio è pieno di [borse] e vestiti.

彼［彼女］のワードローブはカバンと服でいっぱいだ。

▶ armadio「ワードローブ」 pieno「いっぱいの」 vestiti < vestito 367「服」

ノン　ディメンティカーれ　ディ　プれンデれ　ロンブれッロ
Non dimenticare di prendere l'[ombrello]!

傘を持って行くのを忘れないで！

▶ dimenticare 420「忘れる」《non ＋不定詞で命令法2人称単数形の否定の形を作る》 prendere 332「持って行く」

ア　ミラーノ　チ　ソーノ　モルティ　ネゴーツィ　ディ　アッビッリャメント
A Milano ci sono molti [negozi] di abbigliamento.

ミラノには衣料品店がたくさんあります。

▶ abbigliamento 366「衣服」

クエッレ　スカートレ　ソーノ　トゥッテ　ヴオーテ
Quelle [scatole] sono tutte vuote.

あれらの箱は全部空です。

▶ quelle < quello「あの」 tutte < tutto 451「すべての」 vuote < vuoto「空の」

ヴォッリョ　コンプらーれ　ウン　タブレットゥ　ヌオーヴォ
Voglio [comprare] un tablet nuovo.

新しいタブレットを買いたい。

▶ voglio < volere 400「～したい」 tablet「タブレット」 nuovo 240「新しい」

ケ　ベッロ　クエル　ヴェスティート　イン　ヴェトリーナ
Che [bello] quel vestito in vetrina!

ショーウインドーにあるあの服，素敵だね！

▶ che「なんて，なんという」 quel < quello「あの」 vestito 367「服」 vetrina「ショーウインドー」

1回目	年 月 日 ／7	2回目	年 月 日 ／7	3回目	年 月 日 ／7	達成率 **76 %**

386 □
□
□
ヴェンデれ
vendere
活用 p.179

(他動) 売る
- vendita「売ること」

---

387 □
□
□
ソルディ
soldi
〔i〕

(名|男・複) お金
- denaro「お金」
- bancomat「ATM；キャッシュカード」
- denaro elettronico「電子マネー」

---

388 □
□
□
バンコノータ
banconota
〔la, una〕

(名|女) 紙幣
- moneta「硬貨；小銭」
- spiccioli「小銭」

---

389 □
□
□
エうろ
euro
〔l', un〕

(名|男) (無変化) ユーロ
- centesimo「セント」
- dollaro「ドル」

---

390 □
□
□
スペーサ
spesa
〔la, una〕

(名|女) 買い物；出費
- fare la spesa「買い物をする」
- fare spese「ショッピングをする」
- acquisto「購入」

---

391 □
□
□
コスターれ
costare
活用 p.170

(自動) 値段が〜である
- costo/prezzo「値段」

---

392 □
□
□
カーろ
caro

(形) 高価な；親愛な
- costoso「高価な」
- prezioso「価値の高い」

56

ヴォッれイ　ヴェンデれ　ラ　ミア　ヴェッキア　アウト
Vorrei vendere la mia vecchia auto.

私の古い車を売りたいです。

▶ vorrei < volere 400 の条件法現在 1 人称単数形「～したい」
vecchia < vecchio 241「古い」auto 310「車」

ジェンナーろ　エ　センプれ　センツァ　ソルディ
Gennaro è sempre senza soldi.

ジェンナーロはいつもお金がない。

▶ sempre「いつも」senza「～なしで」

ミ　ディスピアーチェ　オ　ソロ　ウナ　バンコノータ　ダ　ディエチ　エウろ
Mi dispiace, ho solo una banconota da 10 (dieci) euro.

すみません，10 ユーロ札しかありません。

▶ dispiace < dispiacere 412「（～にとって）残念に思う」
solo 497「ただ～だけ」

リングれッソ　アル　ムセーオ　エ　ディ　チンクエ　エウろ
L'ingresso al museo è di 5 (cinque) euro.

博物館の入場料は 5 ユーロです。

▶ ingresso 478「入場料；入口」museo 288「博物館」

ヴァド　ア　ファーれ　ラ　スペーサ　アル　スペるメルカート
Vado a fare la spesa al supermercato!

スーパーに買い物に行ってくるね！

▶ vado < andare 323「行く」supermercato「スーパーマーケット」

クアント　コスタ　クエスタ　ボるサ
Quanto costa questa borsa?

このカバンはいくらですか。

▶ quanto「どれだけ」borsa 380「カバン」

クエスタ　コッラーナ　ディ　ディアマンティ　エ　モルト　カーら
Questa collana di diamanti è molto cara.

このダイヤのネックレスはとても高価です。

▶ collana「ネックレス」diamanti < diamante「ダイヤ」

1回目	年 月 日 ／7	2回目	年 月 日 ／7	3回目	年 月 日 ／7	達成率 78 %

129

393

エコノーミコ

economico
⟨-ci; -ca, -che⟩

形 安い，経済的な；経済の
- s<u>a</u>ldi「セール」
- p<u>o</u>co cost<u>o</u>so「安い」
- econom<u>i</u>a「経済；節約」

394

ウ**サ**ート

usato

形 中古の
- di seconda m<u>a</u>no「中古の」
- neg<u>o</u>zio dell'us<u>a</u>to「リサイクル
ショップ」

395

マニーフィコ

magnifico
⟨-ci; -ca, -che⟩

形 素晴らしい
- spl<u>e</u>ndido「素晴らしい」
- stup<u>e</u>ndo「素晴らしい」
- straordin<u>a</u>rio「並外れた」

396

カ**リ**ーノ

carino

形 かわいい
- c<u>a</u>ro 392「親愛な」の縮小辞。

397

プロ**ヴァ**ーれ

provare
活用 p.173

他動 試す；〜してみる
- pr<u>o</u>va「試験；試し」

398

シェッリ**エ**れ

scegliere
活用 p.178

他動 選ぶ
- sc<u>e</u>lta「選ぶこと，選択」

399

ス**タ**ーれ

stare
活用 p.174

自動 いる，ある
- st<u>a</u>re per＋不定詞「〜するところだ」

57

チ　ソーノ　モルティ　ネゴーツィ　エコノーミチ　イン　クエスタ　ゾーナ
Ci sono molti negozi [economici] in questa zona.

この地域には安いお店がたくさんあります。

▶ **negozi** < **negozio** 382「店」 **questo**「この」 **zona**「地域」

クエスト　スクーテる　エ　ウサート　マ　エ　コメ　ヌオーヴォ
Questo scooter è [usato] ma è come nuovo.

このスクーターは中古ですが，新品同様です。

▶ **scooter**「スクーター」 **come nuovo**「新品同様」

オッジ　エ　スタータ　ウナ　ジョるナータ　マニーフィカ
Oggi è stata una giornata [magnifica].

今日は素晴らしい一日だった。

▶ **oggi** 095「今日」 **giornata** 093「一日」

エ　ウナ　らガッツァ　モルト　カリーナ　エ　ブオーナ
È una ragazza molto [carina] e buona.

彼女はとてもかわいくて優しい少女だ。

▶ **ragazza** 030「少女」 **molto** 442「とても」 **buona** < **buono** 334「優しい」

ヴオーレ　プろヴァーれ　クエスタ　ゴンナ
Vuole [provare] questa gonna?

このスカートを試着しますか。

▶ **vuole** < **volere** 400「《疑問文で》～しませんか」 **gonna** 373「スカート」

クアレ　ピッツァ　アイ　シェルト
Quale pizza [hai scelto]?

どのピッツァを選んだの？

▶ **quale**「どの」 **pizza** 342「ピッツァ」

コメ　スターイ　スト　アッバスタンツァ　ベーネ、グらツィエ
Come [stai]?—[Sto] abbastanza bene, grazie.

元気？―まずまずだよ，ありがとう。

▶ **come**「どんな，どのような」 **abbastanza**「十分；かなり；まあまあ」
bene 409「元気で」

400 ☐☐☐ ヴォ**レ**ーれ
volere
活用 p.179

他動 〜したい；〜がほしい
- avere voglia di＋不定詞「〜したい」
- a＋人＋piacerebbe＋不定詞「〜したい」
- desiderare「〜がほしい；望む」

401 ☐☐☐ ポ**テ**ーれ
potere
活用 p.177 〔il, un〕

他動 〜できる；〜してもよい
名｜男 能力；権限
- riuscire「〜できる」
- sapere「（能力的に）〜できる」

402 ☐☐☐ ド**ヴェ**ーれ
dovere
活用 p.176 〔il, un〕

他動 〜しなければならない；
　　〜に違いない
名｜男 義務
- obbligo「義務，責務」

403 ☐☐☐ りウッ**シ**ーれ
riuscire
活用 p.180

自動 成功する，うまく〜できる
- successo「成功」

404 ☐☐☐ ピア**チェ**ーれ
piacere
活用 p.177

自動 （〜にとって）好みである，
　　（〜の）気にいる
- 好みの対象が主語。現在形は主語の数
　に合わせて動詞を単数か複数に変える。

405 ☐☐☐ コ**ノッシェ**れ
conoscere
活用 p.176

他動 知る，知っている；
　　知り合いである
- che 〜を目的語にはとれない。

406 ☐☐☐ サ**ペ**ーれ
sapere
活用 p.178

他動 知る，知っている；
　　できる

レイ　ヴォーレ　パるティーれ　スビト
Lei vuole partire subito.
彼女はすぐに出発したい。
▶ **partire** 327「出発する」 **subito**「すぐに」

プるトろッポ　スタセーら　ノン　ポッソ　ウッシーれ　コン　ヴォイ
Purtroppo stasera non posso uscire con voi.
残念ながら，今晩君たちと出かけることはできません。
▶ **purtroppo**「残念ながら」 **stasera**「今晩」 **uscire** 479「出る」

プりマ　ディ　グアるダーれ　ラ　ティヴ　デヴィ　ファーれ　イ　コンピティ
Prima di guardare la TV, devi fare i compiti!
テレビを見る前に，宿題をしないといけないよ！
▶ **prima di** ＋不定詞「〜する前に」 **guardare la TV**「テレビを見る」
fare 183「する」 **compiti** ＜ **compito** 156「宿題」

ノネ　りウッシータ　ア　ファーれ　ベーネ　ラ　トるタ
Non è riuscita a fare bene la torta.
彼女はうまくケーキを作ることができませんでした。
▶ **fare** 183「作る」 **bene** 409「上手に」 **torta** 353「ケーキ，パイ」

ミ　ピアーチェ　ラ　ムースィカ
Mi piace la musica.
私は音楽が好きです。
▶ **musica** 175「音楽」

コノッシ　クりスティーナ　ガンナ　ノ　ノン　ラ　コノスコ
Conosci Cristina Ganna?—No, non la conosco.
クリスティーナ・ガンナを知ってる？―いいや，知らないな。
▶ **la**「《代名詞》彼女を」

サイ　ディ　キ　エ　クエストンブれッロ　ノ　ノン　ロ　ソ
Sai di chi è questo ombrello?—No, non lo so.
この傘，誰のかわかる？―ううん，わからない。
▶ **di chi**「誰の」 **ombrello** 381「傘」
lo「《代名詞／前出の文の一部，または全体，時に後の節を指して》それを」

1回目	年　月　日	2回目	年　月　日	3回目	年　月　日	達成率
	／7		／7		／7	80 %

407 □
□
□
センティメント
sentimento
〔il, un〕

名｜男 気持ち
- sentire「感じる」
- senso「感覚；感じ」
- cuore「心；気持ち；心臓」

408 □
□
□
センティるスィ
sentirsi
活用 p.182

再帰動 ～の気分である；
　　　（自分が）～だと感じる
- sentire「感じる；聞く」

409 □
□
□
ベーネ
bene
〔il, un〕

副 よく，上手に，元気で
名｜男 よいこと 間投 よし；すごい
- benissimo「たいへんよく」《bene
　の絶対最上級》

410 □
□
□
メッリョ
meglio

形 よりよい　副 よりよく
- migliore「よりよい；最もよい」
- peggio「より悪い／より悪く」
- peggiore「より悪い；最悪の」

411 □
□
□
マーレ
male
〔il, un〕

副 悪く，まずく
名｜男 悪；痛み
- malizia「悪意」

412 □
□
□
ディスピアチェーれ
dispiacere
活用 p.176 〔il, un〕

自動 (～にとって) 残念に思う，
　　　遺憾である
名｜男 残念な思い

413 □
□
□
プれフェリーれ
preferire
活用 p.180

他動 ～をより好む (a)
- 他のものと比べてあるものを好む
　場合に用いる。

59

コンプれンド　　　ベーネ　イ　ヴォストり　　センティメンティ
Comprendo bene i vostri sentimenti.

あなたたちの気持ちはよくわかります。

▶ comprendo < comprendere 429「理解する」 bene 409「よく」

ミ　　セント　　　マーレ
Mi sento male.

気分が悪いです。

▶ male 411「（気分・調子が）悪く」

スタンノ　　　ベーネ　イ　トゥオイ　ジェニトーり
Stanno bene i tuoi (genitori)?

君の両親は元気？

▶ genitori 016「両親」《省略可能》

メッリョ　　タるディ　　ケ　　マーイ
Meglio tardi che mai.

《諺》しないよりは遅いほうがましだ。

▶ tardi 444「遅く」 che《比較級で用いる接続詞》 mai「一度もない」

ノン　デーヴィ　パるラーれ　　マーレ　　デッリ　アルトり
Non devi parlare male degli altri!

ほかの人たちのことを悪く言ってはいけないよ。

▶ devi < dovere 402「〜しなければならない」 parlare 220「言う」
altri < altro「ほかの人」

ノン　プオイ　ヴェニーれ　アッラ　ミア　フェスタ　ミ　ディスピアーチェ　モルト
Non puoi venire alla mia festa? Mi dispiace molto!

私のパーティに来れないの？　とても残念！

▶ puoi < potere 401「〜できる」 festa 437「パーティ」 molto 442「とても」

プれフェりスコ　　ラ　カるネ　アル　ペッシェ
Preferisco la carne al pesce.

魚よりも肉が好きです。

▶ carne 348「肉」 pesce 349「魚」

---

414 □□□
アマーれ
am<u>a</u>re
活用 p.168

他動 愛する，好む
- am<u>o</u>re「愛，愛情」
- innamor<u>a</u>rsi「恋をする；愛し合う」
- volere b<u>e</u>ne ＋人「～を愛する」

415 □□□
ソッ<u>り</u>ーデれ
sorr<u>i</u>dere
活用 p.178

自動 微笑む
- sorr<u>i</u>so「微笑み」
- r<u>i</u>dere「笑う」
- r<u>i</u>so「笑い」

416 □□□
ピ<u>ア</u>ンジェれ
pi<u>a</u>ngere
活用 p.177

他動 悲しむ
自動 泣く，涙を流す
- l<u>a</u>crime「涙」

417 □□□
インテれッ<u>サ</u>ーれ
interess<u>a</u>re
活用 p.172

他動 関心を引く，
　　（人に）興味を持たせる
- inter<u>e</u>sse「興味，関心」

418 □□□
スポ<u>サ</u>るスィ
spos<u>a</u>rsi
活用 p.182

再帰動 結婚する
- spos<u>a</u>to「結婚した；[-a] 既婚者」
- sp<u>o</u>so[-a]「新郎［新婦］」
- matrim<u>o</u>nio/n<u>o</u>zze「結婚」

419 □□□
りこる<u>ダ</u>ーれ / りこる<u>ダ</u>るスィ
ricord<u>a</u>re/
ricord<u>a</u>rsi
活用 p.174 / 活用 p.182

他動 思い出す，覚えている；
　　思い出させる
再帰動 覚えている，思い出す（di）
- ric<u>o</u>rdo「思い出；記憶」

420 □□□
ディメンティ<u>カ</u>ーれ / ディメンティ<u>カ</u>るスィ
dimentic<u>a</u>re/
dimentic<u>a</u>rsi
活用 p.170 / 活用 p.181

他動 忘れる
再帰動 忘れる（di）

60

ティ　アーモ
Ti [amo]!
君を愛してる！
> ▶ ti「君を」

カルラ　　ソッリーデ　　センプれ
Carla [sorride] sempre.
カルラはいつも笑顔です。
> ▶ sempre「いつも」

ダーイ　ス　　ノン　　ピアンジェーテ
Dai, su, non [piangete]!
ほら，さあ，（君たち）泣かないで！
> ▶ dai「ほら，さあ」su「ほら，さあ」
> piangete < piangere の命令法 2 人称複数形

ミ　　　インテれッサ　　　モルト　ラ　クルトゥーら　イタリアーナ
Mi [interessa] molto la cultura italiana.
私はイタリア文化にとても興味があります。
> ▶ mi「私に」cultura「文化」italiana < italiano 127「イタリアの」

スィ　ソーノ　スポサーティ　　ランノ　　スコるソ　ア　ルッリョ
[Si sono sposati] l'anno scorso a luglio.
彼らは昨年 7 月に結婚しました。
> ▶ anno scorso「昨年」luglio 084「7 月」

りコるディ　　　クエステ　フォート
[Ricordi] queste foto?
これらの写真を覚えてる？
> ▶ Ti ricordi di queste foto? とも言える。
> queste < questo「この」foto 164「写真」

ウッファ　　オ　ディメンティカート　ディ　コンプらーれ　イル　ラッテ
Uffa, [ho dimenticato] di comprare il latte!
ああ，牛乳を買うのを忘れた！
> ▶ uffa「ああ，もう」comprare 384「買う」latte「牛乳」

1回目	年 月 日 ／ 7	2回目	年 月 日 ／ 7	3回目	年 月 日 ／ 7	達成率 83 %

否定文は，基本的には動詞または助動詞の直前に **non** を付けます。

平叙文

- (Io) sono giapponese.「私は日本人です」

  *イタリア語は動詞の形から主語が誰か判断がつくので，主語は省略可能です。

否定文

- (Io) non sono cinese.「私は中国人ではありません」
- Non fumi?「君はたばこを吸わないの？」
- Non vuole andare.「彼［彼女］は行きたくない」

動詞の前に補語人称代名詞や代名小詞，またはそれらの複合形（**mi, ti, lo, la, li, le, gli, ci, vi, si, me lo, te la, se ne** など）がある場合はその直前に **non** を付けます。

- Non mi piace.「私は好きではないです」
- Non ti preoccupare.「心配しないで」
- Ancora non si sveglia.「彼［彼女］はまだ目が覚めない」

non ＋否定の副詞・形容詞・代名詞など（二重否定にはなりません）

- Lui non sa parlare neanche l'inglese.
  「彼は英語も話すことができない」
- Non vuoi mangiare niente?「何も食べたくないの？」
- Non ho mai letto questo libro.
  「私はこの本を一度も読んだことがない」

否定の副詞・形容詞・代名詞などが冒頭に来る場合は **non** は不要になります。

- Nessuno è venuto.「誰も来なかった」
  ＝ Non è venuto nessuno.
- Nemmeno lui conosce quella storia.
  「彼さえもその話を知らない」

　基本的な指示形容詞には，**questo**「この」，**quello**「あの，その」の２つがあり，冠詞と同じように名詞の性・数に合わせて形が変化します。指示代名詞としても使用し，**questo** は「この人，これ」，**quello** は「あの人，その人，あれ」を意味します。

男性		女性	
単数	複数	単数	複数
questo	questi	questa	queste

指示形容詞：**Questo libro è mio.**「この本は私のです」
指示代名詞：**Questo è un mio libro.**「これは私の本です」

男性		女性	
単数	複数	単数	複数
quello	quegli	quella	
quell'	quegli	quell'	quelle
quel	quei	quella	

＊定冠詞と同じ変化をします。

指示形容詞：**Quel libro è mio.**「あの本は私のです」
指示代名詞：**Quello è un mio libro.**「あれは私の本です」

「私の〜」「君の〜」「彼 [彼女] の〜」など，所有する人を表します。指示形容詞と同様，名詞の性・数により形が変化します。ただし，「彼ら [彼女ら] の〜」を示す **loro** は無変化です。

- **mio**, **miei**, **mia**, **mie**「私の〜」　・ **tuo**, **tuoi**, **tua**, **tue**「君の〜」
  suo, **suoi**, **sua**, **sue**「彼 [彼女，あなた] の〜，その」。
  「あなたの〜」として使用する場合，**Suo** と大文字で記すことがあります。

- **nostro, nostri, nostra, nostre**「私たちの〜，僕らの〜」

- **vostro, vostri, vostra, vostre**「君たちの〜，あなた方の〜」

- **loro**《無変化》「彼ら [彼女ら] の〜，それらの〜」

　語順は，基本的には所有形容詞＋名詞となりますが，慣例表現，強調する場合によって入れ替わることがあります。

- **a casa mia**「私の家で」　・ **Amore mio!**「私の愛する人よ」

421 □
□
インフェリーチェ
infelice

[形] 不幸な
- infelicità 「不幸せ」
- disgraziato 「不幸な；[-a] 不幸な人」
- disgrazia 「不幸，不運；災難」

422 □
□
トリーステ
triste

[形] 悲しい
- tristezza 「悲しみ」

423 □
□
プれオックパート
preoccupato

[形] 心配した，不安な
- preoccupazione 「心配，不安」
- preoccupare 「心配させる」
- preoccuparsi 「心配する」

424 □
□
スタンコ
stanco
⟨-chi; -ca, -che⟩

[形] 疲れた
- stanchezza 「疲れ」

425 □
□
アッパッスィオナート
appassionato
〔l', un〕

[形] 夢中だ
[名|男] [-a] 愛好家，マニア
- appassionare 「夢中にさせる，感動させる」
- hobby 「趣味《発音はオッビ》」

426 □
□
テッリービレ
terribile

[形] 恐ろしい，おぞましい
- orribile 「恐ろしい，怖い」

427 □
□
コらッジョ
coraggio
〔il, un〕

[名|男] 勇気，勇敢さ
- coraggioso 「勇敢な，勇ましい」

61

アデッソ　エ　ウン　ぺりーオド　インフェリーチェ
Adesso è un periodo [infelice].

今は不幸な時期です。

▶ adesso 094「今」 periodo「時期；時代」

ソーノ　トリーステ　ぺるケー　ウナミーコ　トらズローカ　アッレステろ
Sono [triste] perché un amico trasloca all'estero.

ある友人が海外に引越してしまうので悲しいです。

▶ perché「なぜなら」 amico 028「友人」 trasloca < traslocare「引越す」
estero「外国」

ソーノ　プれオックパータ　ぺる　ラ　スア　サルーテ
Sono [preoccupata] per la sua salute.

彼［彼女］の健康が心配です。

▶ salute「健康」

スィアーモ　スタンキ　ぺるケー　アッピアーモ　カンミナート　タント
Siamo [stanchi] perché abbiamo camminato tanto.

私たちはたくさん歩いたので，疲れています。

▶ perché「なぜなら」 abbiamo camminato < camminare 470「歩く」
tanto 442「たくさんの」

ダヴィデ　エ　サンドろ　ソーノ　アッパッスィオナーティ　ディ　ヴィデオジョーキ
Davide e Sandro sono [appassionati] di videogiochi.

ダヴィデとサンドロはテレビゲームに夢中です。

▶ videogiochi < videogioco「テレビゲーム」

エ　スタート　ウン　カーソ　テッリービレ
È stato un caso [terribile].

おぞましい事件だった。

▶ caso「事件」

ア　ヴォルテ　ビゾーニャ　アヴェーれ　イル　コらッジョ　ディ　カンビアーれ
A volte bisogna avere il [coraggio] di cambiare.

時には変わる勇気を持つことが必要だ。

▶ a volte「時に」 bisogna < bisognare「〜必要がある」
cambiare 277「変わる」

---

428 □□□ ペンサーれ
pensare
活用 p.173

他動 考える；思う
自動 ～を考える（a），
～だと思う（di）

429 □□□ カピーれ
capire
活用 p.179

他動 理解する，わかる
- comprendere「理解する；含む」
- comprensione「理解；理解力」

430 □□□ クれーデれ
credere
活用 p.176

他動 信じる
自動 ～であると思う
- credito「信用，信頼」

431 □□□ スペらーれ
sperare
活用 p.174

他動 期待する，願う
- speranza「希望；期待」
- aspettarsi「期待する；予期する」
- augurare「願う」

432 □□□ らジョーネ
ragione
〔la, una〕

名|女 理由；道理；理性
- motivo「理由」
- causa「原因，理由」

433 □□□ スィクーろ
sicuro

形 確かな；安全な
- sicurezza「確信；安全」
- certo「確かな；確かに」
- dubbio「不確かな；疑問」

434 □□□ デチーデれ
decidere
活用 p.176

他動 決める，決定する；決心する
- decisione「決定」
- scegliere「選ぶ」
- scelta「選択；選択肢」

62

ア　ケ　　コサ　　ペンスィ
A che cosa [pensi]?

何を考えてるの？

▶ che cosa「何」

___

ノノ　　　カピート　　ベーネ　　プオ　　リペーテれ
Non [ho capito] bene. Può ripetere?

よくわかりませんでした。もう一度お願いできますか。

▶ bene **409**「よく」 può < potere **401**「～できる」 ripetere「繰り返す」

___

ダッヴェーろ　　ノン　チ　クれード
Davvero? Non ci [credo]!

本当？　信じられない！

▶ davvero「本当に」 ci《代名詞》そのことを」

___

スペーろ　ディ　スぺらーれ　　レサーメ　ディ　イングレーセ
[Spero] di superare l'esame di inglese.

英語の試験に合格することを願っています。

▶ superare **298**「合格する」《sperare との発音に注意》esame **157**「試験」
inglese **132**「英語」

___

アイ　　らジョーネ　　アイ　ファット　ベーネ
Hai [ragione]! Hai fatto bene!

君が正しい！　よくやったよ！

▶ hai fatto < fare **183**「する」 bene **409**「よく」

___

ノナッビアーモ　　　アンコーら　インフォるマツィオーニ　スィクーれ
Non abbiamo ancora informazioni [sicure].

私たちはまだ確かな情報を持っていません。

▶ abbiamo < avere **043**「持つ」 ancora「まだ」
informazioni < informazione「情報」

___

アスペッタ　　ノノ　　　アンコーら　デチーソ
Aspetta, non [ho] ancora [deciso]!

待って，まだ決まってないの！

▶ aspetta < aspettare **475**の命令法2人称単数形「待つ」 ancora「まだ」

___

435 コンプレ**ア**ンノ

compleanno
〔il, un〕

名|男 誕生日
- f**a**re gli aug**u**ri「おめでとうを言う」

436 れ**ガ**ーロ

regalo
〔il, un〕

名|男 プレゼント
- regal**a**re「プレゼントする」

437 フェステッ**ジャ**ーれ

festeggiare
活用 p.171

他動 祝う
- f**e**sta「祝祭日；休日；パーティ」
- annivers**a**rio「記念日」
- celebr**a**re「祝う」

438 り**チェ**ーヴェれ

ricevere
活用 p.178

他動 もらう，受け取る
- ricev**u**ta「領収書」

439 インヴィ**タ**ーれ

invitare
活用 p.172

他動 招く
- f**e**sta「パーティ；祝日；祝祭日」
- invit**a**to「招待された；[-a] 招待客」
- inv**i**to「招待」

440 プれセン**タ**ーれ

presentare
活用 p.173

他動 紹介する
- presentazi**o**ne「紹介」

441 ディヴェる**ティ**るスィ

divertirsi
活用 p.181

再帰動 楽しむ
- divert**i**re「楽しませる」
- divert**e**nte「楽しい」

63

タンティ　アウグーリ　ディ　ブオン　　コンプレアンノ
Tanti auguri di Buon [Compleanno]!

お誕生日おめでとう！

▶ **tanti** < **tanto** 442「たくさんの」 **auguri**「《複数で》お祝い」
buon < **buono** 334「よい」

アッビアーモ　ファット　ウン　れガーロ　ディ　ナターレ　アル　ノストろ　パパー
Abbiamo fatto un [regalo] di Natale al nostro papà.

私たちはお父さんにクリスマスプレゼントをしました。

▶ **abbiamo fatto** < **fare** 183「する」 **Natale**「《大文字で》クリスマス」
papà 018「お父さん」

イ　ミエイ　ジェニトーり　フェステッジャノ　レ　ノッツェ　ダるジェント
I miei genitori [festeggiano] le nozze d'argento.

私の両親は銀婚式を迎えます。

▶ **genitori** 016「両親」 **nozze d'argento**「銀婚式」

スタマッティーナ　オ　りチェヴート　イル　パッコ　オるディナート
Stamattina [ho ricevuto] il pacco ordinato.

今朝，注文した荷物を受け取りました。

▶ **stamattina**「今朝」 **pacco**「荷物，小包」 **ordinato**「注文した」

キ　アヴェーテ　インヴィタート　アル　ヴォストろ　マトりモーニオ
Chi [avete invitato] al vostro matrimonio?

君たちの結婚式には誰を招待したの？

▶ **chi**「誰」 **matrimonio** 418「結婚式；結婚」

ドマーニ　ヴィ　プれセント　ラ　ミア　フィダンツァータ
Domani vi [presento] la mia fidanzata.

明日，君たちに婚約者を紹介します。

▶ **domani** 096「明日」 **vi**「君たちに」 **fidanzata** 030「（女性の）婚約者，恋人」

オッジ　ミ　ソーノ　ディヴェるティータ　モルト
Oggi [mi sono divertita] molto!

今日はとても楽しかったわ！

▶ **oggi** 095「今日」

442 □□□
モルト
molto

形 多くの，たくさんの
副 非常に，とても
- **tanto**「とても／多くの，たくさんの」

443 □□□
ヴェローチェ
veloce

形 速い
- **rapido**「速い」
- **velocemente**「早く」
- **velocità**「速さ；速度」

444 □□□
レント
lento

形 遅い
- **piano**「ゆっくりと」
- **tardi**「遅く，後で」
- **presto**「早く，すぐに」

445 □□□
フォるテ
forte

形 強い
- **fortemente**「強く」
- **forza**「強さ」

446 □□□
デーボレ
debole

形 弱い
- **fragile**「弱い，虚弱な」
- **debolezza**「弱いこと，弱さ」

447 □□□
ドゥーろ
duro

形 硬い，固い
- **rigido**「硬い，固い」
- **durezza**「硬さ」

448 □□□
モるビド
morbido

形 やわらかい
- **tenero**「やわらかい」

64

エリサベッタ　エ　モルト　ベッ　　ラエ　スィンパーティカ
Elisabetta è molto bella e simpatica.

エリザベッタはとてもきれいで感じがよいです。

▶ bella < bello **385**「きれいな」 simpatica < simpatico **049**「愛想のよい」

イル　フレッチャろッサ　エ　ウン　トレーノ　モルト　ヴェローチェ
Il Frecciarossa è un treno molto veloce.

フレッチャロッサはとても速い列車です。

▶ treno **316**「列車」

ディ　れチェンテ　イル　ミオ　コンピューテる　エ　レント
Di recente il mio computer è lento.

最近，私のパソコンが遅いです。

▶ di recente「最近」 computer **280**「パソコン」

クエッラ　スクアードら　ディ　カルチョ　エ　モルト　フォるテ
Quella squadra di calcio è molto forte.

あのサッカーチームはとても強いです。

▶ quella < quello「あの」 squadra di calcio「サッカーチーム」
molto **442**「とても」

イル　セニャーレ　ワイファーイ　エ　デーボレ
Il segnale Wi-Fi è debole.

Wi-Fi の電波が弱い。

▶ segnale「電波」

クエスタ　ビステッカ　エ　トろッポ　ドゥーら　エ　ノネ　ブオーナ
Questa bistecca è troppo dura e non è buona.

このステーキは固すぎておいしくありません。

▶ bistecca「ステーキ」 troppo **457**「〜すぎる」
buona < buono **334**「おいしい」

クエスティ　アシュガマーニ　ソーノ　モるビディッスィミ
Questi asciugamani sono morbidissimi.

これらのタオルはとてもやわらかいです。

▶ asciugamani < asciugamano「タオル」
morbidissimi < morbido の絶対最上級「とてもやわらかい」

1回目	年 月 日 /7	2回目	年 月 日 /7	3回目	年 月 日 /7	達成率 89 %

449

プ**リ**ーモ

pri**mo**

〔il, un〕

[形] 初めての；最初の；第1の
[名|男] [-a] 最初の人 [物]
▪ sec**o**ndo 「2 番目の（人 [物]）」
▪ t**e**rzo 「3 番目の（人 [物]）」

450

ウルティモ

ult**imo**

〔l', un〕

[形] 最後の；最新の
[名|男] [-a] 最後の人 [物]
▪ fin**a**le 「最後の」

451

ト**ゥ**ット

tut**to**

[形] 全部の；すべての
[代] 全部；全員

452

メッソ

mez**zo**

〔il, un〕

[形] 半分の；中間の
[副] 半ば；ほぼ　[名|男] 半分
▪ met**à** 「半分；真ん中」

453

プ**ろ**ッスィモ

pro**ssimo**

[形] 次の
▪ segu**e**nte 「次に続く」

454

アルト

al**to**

[形] 高い
▪ alt**e**zza 「高さ；身長」

455

バッソ

bas**so**

[形] 低い

148

65

エ ラ プリーマ ヴォルタ ケ ヴェンゴ クイ
È la **prima** volta che vengo qui.

ここに来るのは初めてです。

▶ volta「回数，度；1度」 che「《接続詞》~であることは」
vengo < venire **325**「来る」 qui「ここ」

ルルティモ トれーノ パるテ アッレ ヴェンティトれー
L'**ultimo** treno parte alle 23 (ventitré).

最終列車は 23 時に出発します。

▶ treno **316**「電車」 parte < partire **327**「出発する」

フィアット エ ウナ ソチェター ファモーサ イン トゥット イル モンド
FIAT è una società famosa in **tutto** il mondo.

フィアットは世界中で有名な企業です。

▶ società **285**「会社」 famosa < famoso「有名な」 mondo **064**「世界」
＊ tutto は名詞の前に，定冠詞は tutto の後に置かれる。

ヴォッれイ メッゾ キーロ ディ プろッシュット クるード
Vorrei **mezzo** chilo di prosciutto crudo.

生ハムを 500 グラムください。

▶ vorrei < volere **400**の条件法現在 1 人称単数形「~がほしい」
chilo「1 キロ」 prosciutto crudo「生ハム」

ノイ シェンディアーモ アッラ プろッスィマ フェるマータ
Noi scendiamo alla **prossima** fermata.

私たちは次の停留所で降ります。

▶ scendiamo < scendere **481**「降りる」 fermata **318**「停留所」

ミ ピアッチョノ レ スカるペ コニル タッコ アルト
Mi piacciono le scarpe con il tacco **alto**.

私はヒールの高い靴が好きです。

▶ piacciono < piacere **404**「好みである」 scarpe **374**「靴」
tacco「ヒール」

ヴァレーりア エ ピュ バッサ ディ メ
Valeria è più **bassa** di me.

ヴァレーリアは私より背が低いです。

▶ più …《形容詞 [副詞]》~「~より…」

456 □□□
スッフィ**チェ**ンテ
sufficiente

形 十分な
- スッフィチエンテと読まないように注意。
- insufficiente「不十分な」

457 □□□
ト**ろ**ッポ
troppo

形 あまりに多い，過度の
副 あまりにも，〜すぎる

458 □□□
ポーコ
poco
〈-chi; -ca, -che〉

形 少しの
副 あまり〜でない
- un po'「少し，ちょっと」

459 □□□
ス**テ**ッソ
stesso

形 同じ
- uguale「同じ」
- simile「〜に似た」

460 □□□
ディッフェ**れ**ンテ
differente

形 異なる
- diverso「異なる」
- contrario「逆の；逆のこと」

461 □□□
ス**ィ**ーミレ
simile

形 似ている；そのような
- uguale「同じの」
- identico「同一の；よく似た」

462 □□□
センブ**らー**れ
sembrare
活用 p.174

自動 〜のようだ
- parere「〜のように見える［思える］」
- assomigliare「〜に似ている」

66

オ　ソルディ　スッフィチェンティ　べる　コンプらーれ　ウナウト　ヌオーヴァ
Ho soldi [sufficienti] per comprare un'auto nuova.

新しい車を買うのに十分お金を持っています。

▶ ho < avere 043「持つ」 soldi 387「お金」 comprare 384「買う」
　auto 310「車」 nuova < nuovo 240「新しい」

オッジ　オ　マンジャート　トロッポ
Oggi ho mangiato [troppo].

今日は食べすぎました。

▶ oggi 095「今日」 ho mangiato < mangiare 335「食べる」

アッビアーモ　ポーコ　テンポ　べる　ストゥディアーれ
Abbiamo [poco] tempo per studiare.

私たちは勉強する時間が少ししかありません。

▶ abbiamo < avere「(時間が) ある」 tempo 105「時間」
　studiare 160「勉強する」

ファーテ　ラ　ステッサ　コーサ
Fate la [stessa] cosa!

同じことをしてください。

▶ fate < fare 183の命令法2人称複数形「する」 cosa「こと，もの」

ソーノ　フらテッリ　マ　アンノ　ウン　カらッてれ　ディッフェれンテ
Sono fratelli ma hanno un carattere [differente].

彼らは兄弟ですが，性格は異なります。

▶ fratelli 020「兄弟」 carattere「性格」

ローる　ドゥエ　ソーノ　モルト　スィーミリ
Loro due sono molto [simili].

彼ら [彼女たち] 2人はとても似ている。

▶ loro due「彼ら [彼女たち] 2人」　 simili < simile「似ている」

クエスト　ろマンゾ　センブら　インテれッサンテ
Questo romanzo [sembra] interessante.

この小説は面白そうです。

▶ questo「この」 romanzo「小説」 interessante 184「面白い」

	年 月 日		年 月 日		年 月 日	達成率
1回目	／7	2回目	／7	3回目	／7	**92 %**

151

463

コミンチャーれ

cominciare

活用 p.170

他動 始める　自動 始まる
- iniziare「始める；始まる」
- incominciare「始まる／始める」
- inizio「始まり」

464

フィニーれ

finire

活用 p.180

他動 終わる　自動 終える
- fine「終わり」
- terminare「終わる／終える」
- termine「終わり；期限」

465

ズメッテれ

smettere

活用 p.178

他動 やめる　自動 終わる

466

チェるカーれ

cercare

活用 p.170

他動 探す
自動 〈di+不定詞で〉〜しようと努める
- ricerca「探索，捜索；研究，探求」

467

ディヴェンターれ

diventare

活用 p.170

自動 〜になる
- divenire「〜になる」

468

ウサーれ

usare

活用 p.175

他動 使用する，利用する
- uso「使用，利用」
- utilizzare「使用する，利用する」

469

りマネーれ

rimanere

活用 p.178

自動 とどまる，残る
- restare「とどまる，残る」

67

ア ケ オら コミンチャ ラ パるティータ
A che ora [comincia] la partita?

試合は何時に始まりますか。

▶ a che ora「何時に」 partita「試合」

レ ヴァカンツェ エスティーヴェ フィニスコノ ア セッテンブれ
Le vacanze estive [finiscono] a settembre.

夏休みは9月に終わります。

▶ vacanze estive「夏休み」 settembre 086「9月」

ズメッティ ディ フマーれ
[Smetti] di fumare!

たばこをやめなさい！

▶ smetti < smettere の命令法2人称単数形　fumare 364「たばこを吸う」

ケ コサ チェるキ
Che cosa [cerchi]?

何を探しているの？

▶ che cosa「何」

コメ セーイ ディヴェンタート グらンデ
Come [sei diventato] grande!

なんて君は大きくなったんだ。

▶ come「なんて；どのように」 grande 245「大きく」

ポッソ ウサーれ クエスト コンピューテる
Posso [usare] questo computer?

このパソコンを使ってもいいですか。

▶ posso < potere 401「～してもよい」 questo「この」
computer 280「パソコン」

りマンゴ クイ アンコーら ウン ポ
[Rimango] qui ancora un po'.

もう少しここに残ります。

▶ qui「ここ」 ancora un po'「もう少し」

470 カンミナーれ

camminare
活用 p.169

自動 歩く
- correre「走る」
- fare una passeggiata「散歩をする」
- a piedi「徒歩で」

471 コっれれ

correre
活用 p.176

自動 走る《目的・場所は essere, 走る動作は avere を助動詞に使用》
- corsa「走ること；競争」
- fare jogging「ジョギングをする」

472 グアるダーれ

guardare
活用 p.171

他動 （注意して）見る
- sguardo「眼差し，視線」
- vedere「見る」

473 レッジェれ

leggere
活用 p.177

他動 読む，読書する
- lettura「読書；読み物」
- letteratura「文学」

474 キアマーれ

chiamare
活用 p.170

他動 呼ぶ；電話する
- chiamarsi「〜という名前である」
- telefonare 自動「電話する」

475 アスペッターれ

aspettare
活用 p.169

他動 待つ

476 ジらーれ

girare
活用 p.171

他動 回す
自動 回る；曲がる
- giro「回転」

68

エイ　アスペッタ　カンミーニ　トロッポ　ヴェローチェ
Ehi, aspetta! Cammini troppo veloce!

ねえ，待って！ 君は歩くのが速すぎるよ！

▶ ehi「ねえ」 aspetta < aspettare **475**の命令法 2 人称単数形「待つ」
veloce **443**「速い」

ヴァルテル　コッれ　オンニ　マッティーナ　ぺる　アルメーノ　メッゾーら
Walter corre ogni mattina per almeno mezz'ora.

ヴァルテルは毎朝，少なくとも 30 分は走ります。

▶ ogni mattina「毎朝」 almeno「少なくとも」
mezz'ora「30 分《1 時間の半分の意味》」

グアるダーテ　ベーネ　クエッレディフィーチョ
Guardate bene quell'edificio!

あの建物をよく見てください。

▶ guardate < guardare の命令法 2 人称複数形
quell'《男性名詞単数形の前で》< quello「あの」 edificio「建物」

ラ　セーら　レッゴ　センプれ　ウン　リーブろ　アイ　ミエイ　バンビーニ
La sera leggo sempre un libro ai miei bambini.

夜にはいつも私の子どもたちに本を読みます。

▶ sera **102**「夕方，夜」 sempre「いつも」 libro **168**「本」
miei < mio **009**「私の」 bambini < bambino **017**「子ども」

ティ　キアーモ　ドマーニ　ポメリッジョ　ヴェるソ　レ　クアットろ
Ti chiamo domani pomeriggio verso le 4(quattro)**.**

明日の午後 4 時頃，君に電話するね。

▶ ti「君を」 domani **096**「明日」 pomeriggio **101**「午後」 verso「～頃」

アスペット　ラウトブス　ダ　ヴェンティ　ミヌーティ
Aspetto l'autobus da 20(venti) **minuti.**

20 分間，バスを待っています。

▶ autobus **313**「バス」 da「～間」 minuti < minuto **107**「～分」

アル　セコンド　セマーフォろ　ジーら　ア　スィニーストら
Al secondo semaforo gira a sinistra.

2 つ目の信号を，（あなたは）左に曲がります。

▶ semaforo **322**「信号」 a「～に」 sinistra **499**「左」

1回目	年 月 日 ／7	2回目	年 月 日 ／7	3回目	年 月 日 ／7	達成率 **94 %**

155

477 □
□
メッテレ
mettere
活用 p.177

(他動) 置く；入れる
- porre「置く」

478 □
□
エントらーれ
entrare
活用 p.171

(自動) 入る
- entrata「入場；入口，玄関」
- ingresso「入場；入口，玄関」

479 □
□
ウッシーれ
uscire
活用 p.181

(自動) 外出する；出る
- uscita「外出；出口」

480 □
□
サリーれ
salire
活用 p.180

(自動) 上がる，のぼる；乗る
- scendere「下がる；降りる」
- scala mobile「エスカレーター」
- ascensore「エレベーター」

481 □
□
シェンデれ
scendere
活用 p.178

(自動) 降りる

482 □
□
カデーれ
cadere
活用 p.175

(自動) 落ちる；転ぶ
- caduta「落下；転倒」

483 □
□
ラヴァーれ / ラヴァるスィ
lavare / lavarsi
活用 p.172 / 活用 p.182

(他動) 洗う (再帰動) 自分の体を洗う
- sapone「せっけん」
- shampoo「シャンプー」
- balsamo「リンス」

69

メッティ　クア　ラ　トゥア　ボるサ
Metti qua la tua borsa!

君のカバンをここに置きなよ。

▶ metti < mettere の命令法2人称単数形　qua「ここに，こちらへ」
　borsa 380「カバン」

スクースィ　ポッソ　エントらーれ
Scusi, posso **entrare**?

すみません，入ってもよろしいですか。

▶ scusi < scusare 045の命令法敬称単数形「すみません」
　posso < potere 401「～できる」

ウッシアーモ　インスィエーメ　クエスト　フィーネ　セッティマーナ
Usciamo insieme questo fine settimana?

今週末，一緒に出かけない？

▶ insieme「一緒に」questo「この」fine settimana 098「週末」

スィアーモ　アンダーティ　ア　ピーサ　エ　スィアーモ　サリーティ　スッラ　トッれ　ペンデンテ
Siamo andati a Pisa e **siamo saliti** sulla torre pendente.

私たちはピサに行って斜塔にのぼりました。

▶ siamo andati < andare 323「行く」torre pendente「斜塔」

ア　クアーレ　スタツィオーネ　デヴォ　シェンデれ
A quale stazione devo **scendere**?

どの駅で降りればいいですか。

▶ quale「どの」stazione 318「駅」
　devo < dovere 402「～しなければならない」

ソーノ　カドゥート　ダッレ　スカーレ
Sono caduto dalle scale.

階段から落ちてしまいました。

▶ scala 063「階段；はしご」

ラヴァティ　レ　マーニ　プリマ　ディ　マンジャーれ
Lavati le mani prima di mangiare!

食べる前に手を洗いなさい！

▶ lavati < lavarsi の命令法2人称単数形　mani < mano 214「手」
　prima di ＋不定詞「～する前に」mangiare 335「食べる」

1回目	年 月 日 ／7	2回目	年 月 日 ／7	3回目	年 月 日 ／7	達成率 **96 %**

484 □□□
アルザーれ / アルザるスィ
alzare / alzarsi
活用 p.168 / 活用 p.181

他動 上げる，起こす
再帰動 起きる
- svegliarsi「目が覚める」

485 □□□
アビターれ
abitare
活用 p.168

自動 住む
- abitazione「住居」

486 □□□
トロヴァーれ
trovare
活用 p.175

他動 見つける，会う；
出会う；発見する
- trovarsi「〜にいる，ある；お互いに会う」
- smarrire「失くす」

487 □□□
ラッシャーれ
lasciare
活用 p.172

他動 残す；去る；《+不定詞で》
（〜する）ままにさせる
- lasciarsi「(お互いが) 別れる」

488 □□□
キエーデれ
chiedere
活用 p.176

他動 頼む；要求する
- richiesta「要求」
- domandare「尋ねる；要求する」

489 □□□
グアダニャーれ
guadagnare
活用 p.171

他動 稼ぐ
- stipendio「《主に事務系の》給料」
- salario「《主に肉体労働者の》給料」
- guadagno「もうけ，稼ぎ」

490 □□□
アイウターれ
aiutare
活用 p.168

他動 手伝う，助ける
- dare una mano「手伝う」
- aiuto「助け，手伝い」

オンニ　マッティーナ　ミオ　マリート　スィ　アルザ　アッレ　オット
Ogni mattina mio marito [si alza] alle 8 (otto).

私の夫は毎朝8時に起きます。

▶ **ogni mattina**「毎朝」 **marito** 024「夫」

オ　アビタート　ア　ナーポリ　ぺる　ドゥエ　アンニ
[Ho abitato] a Napoli per 2 (due) **anni.**

2年間, ナポリに住みました。

▶ **a**「〜に」 **per**「〜間」 **anni** < **anno** 104「年」

オ　トろヴァート　ウン　ぽるタフォッリョ　スル　まるチャピエーデ
[Ho trovato] un portafoglio sul marciapiede.

歩道で財布を見つけました。

▶ **portafoglio**「財布」 **marciapiede** 320「歩道」

ラッシャミ　スターれ
[Lascia]mi stare!

私のことは放っておいて！

▶ **lasciami** < **lasciare** の2人称単数命令形＋ **mi**「私を」

オ　キエスト　ア　ロれンツォ　ディ　アンダーれ　イン　バンカ
[Ho chiesto] a Lorenzo di andare in banca.

ロレンツォに銀行に行ってくれるように頼みました。

▶ **andare** 323「行く」 **banca** 287「銀行」

ルーカ　ア　カンビアート　ラヴォーろ　エドーら　グアダーニャ　ベーネ
Luca ha cambiato lavoro ed ora [guadagna] bene.

ルーカは転職して, 今は稼ぎがいいです。

▶ **ha cambiato** < **cambiare lavoro**「転職する」 **ora** 106「今」
bene 409「よく」

ミ　アイウーティ　ア　ファーれ　レ　ヴァリージェ
Mi [aiuti] a fare le valigie?

荷造りするのを手伝ってくれる？

▶ **mi**「私を」 **fare le valigie**「荷造りする, 旅支度する」

1回目	年 月 日 /7	2回目	年 月 日 /7	3回目	年 月 日 /7	達成率 97 %

491 □
□
□
アプリーれ
aprire
活用 p.179

他動 開ける　自動 開く
- apertura「開くこと；開始」

492 □
□
□
アペると
aperto

形 開いている

493 □
□
□
キウーデれ
chiudere
活用 p.176

他動 閉める　自動 閉まる
- chiusura「閉じること；終了」

494 □
□
□
キウーソ
chiuso

形 閉まっている

495 □
□
□
スピンジェれ
spingere
活用 p.179

他動 （ドア, 扉などを）押す
- premere「（ボタン, スイッチなどを）押す」

496 □
□
□
ティらーれ
tirare
活用 p.174

他動 引く

497 □
□
□
ソーロ
solo

形 一人の；唯一の；ただ〜だけの
副 ただ〜だけ
- soltanto「ただ〜だけ」
- unico「唯一の；比類ない」

71

アプリ　ラ　フィネストら　ペる　カンビアーれ　ラーりア
Apri la finestra per cambiare l'aria!

空気を入れ替えるために窓を開けて。

▶ apri < aprire の命令法2人称単数形　finestra 062「窓」
cambiare 277「変える」 aria 118「空気」

イル　チェントろ　コンメるチャーレ　エ　アぺると　トゥッティイ　ジョるニ
Il centro commerciale è aperto tutti i giorni.

ショッピングセンターは毎日営業しています。

▶ centro commerciale 382「ショッピングセンター」 tutti i giorni 092「毎日」

プオイ　キウーデれ　ラ　ぽるタ
Puoi chiudere la porta?

ドアを閉めてもらえる？

▶ puoi < potere 401「〜できる」 porta 061「ドア」

モルティ　ネゴーツィ　ソーノ　キウースィ　イル　ルネディー　マッティーナ
Molti negozi sono chiusi il lunedì mattina.

月曜日の午前中は多くのお店が閉まっています。

▶ molto 442「多くの」 negozi < negozio 382「店」 lunedì 071「月曜日」
mattina 099「朝」

スピンジェれ　ラ　ぽるタ
SPINGERE LA PORTA

《掲示で》ドアを押してください

▶ porta 061「ドア」

ティーり　フォるテ　ぺる　ファヴォーれ
Tiri forte per favore!

強く引っ張ってください。

▶ tiri < tirare の命令法敬称単数形　forte「強く」

オ　オるディナート　ソーロ　ウナ　ピッツァ
Ho ordinato solo una pizza.

ピッツァ1枚だけを注文しました。

▶ ho ordinato < ordinare「注文する」 pizza 342「ピッツァ」

| 1回目 | 年 月 日 ／7 | 2回目 | 年 月 日 ／7 | 3回目 | 年 月 日 ／7 | 達成率 99 % |

161

498 □ □
デストら
destra
〔la, una〕

名｜女 右
▪ destro「右の」

499 □ □
スィニストら
sinistra
〔la, una〕

名｜女 左
▪ sinistro「左の」

500 □ □
ソープら
sopra

前 ～の上に　副 上に
▪ su「～の上に［を, で］」

501 □ □
ソット
sotto

前 ～の下に　副 下に
▪ giù「下に」

502 □ □
デントろ
dentro

前 ～の中に　副 中に
▪ interno「内部；内部の」

503 □ □
ダヴァンティ
davanti

前 《davanti a の形で》～の前に
副 前に
▪ di fronte「正面に」

504 □ □
ディエトろ
dietro

前 ～の後ろに　副 後ろに
▪ indietro「後ろに」

72

イル バーニョ エ イン フォンド アル コッリドイオ ア デストら
Il bagno è in fondo al corridoio, a destra.

トイレは廊下のつきあたり，右側にあります。

▶ bagno 330「トイレ」 in fondo a「～の奥に」 corridoio「廊下」

グアるダーテ アッラ ヴォストら スィニストら
Guardate alla vostra sinistra!

あなたがたの左手をご覧ください。

▶ guardate < guardare 472の命令法2人称複数形「見る」
vostra < vostro 013「あなたたちの」

ラ キアーヴェ エ ソープら イル ターヴォロ
La chiave è sopra il tavolo!

鍵はテーブルの上にあるよ！

▶ chiave 056「鍵」 tavolo 058「テーブル」

イル ガット エ ソット ラ セーディア
Il gatto è sotto la sedia.

猫は椅子の下にいます。

▶ gatto 146「猫」 sedia 059「椅子」

コサ チェ デントろ クエスタ スカートラ
Cosa c'è dentro questa scatola?

この箱の中には何が入っているのですか。

▶ cosa「《疑問文で》何」 scatola 383「箱」

オ パるケッジャート ラウト ダヴァンティ アル りストらンテ
Ho parcheggiato l'auto davanti al ristorante.

レストランの前に車を駐車しました。

▶ ho parcheggiato < parcheggiare「駐車する」 auto 310「車」
ristorante 296「レストラン」

ヴィ プれギアーモ ディ アスペッターれ ディエトろ ラ リネア ビアンカ
Vi preghiamo di aspettare dietro la linea bianca.

白線の後ろでお待ちくださいますようお願いいたします。

▶ vi「あなたたちを」 preghiamo < pregare「頼む」 aspettare 475「待つ」
linea「線」 bianca < bianco「白い」

疑問文は，文末に疑問詞を付けてイントネーションを上げます。

疑問副詞

ドヴェ **dove**	どこ	Dove vai?「どこへ行くの？」
クアンド **quando**	いつ	Quando partiamo? 「私たちはいつ出発するの？」
コメ **come**	どのように	Come stai?「調子はどう？」
ペるケー **perché**	なぜ，どうして	Perché non sei venuta? 「どうして来なかったの？」
クアント **quanto**	どれほど	Quanto costa questa gonna? 「このスカートはいくらですか」

疑問形容詞

クアレ **quale** ＋名詞	どのような， どちらの	Quale libro ti piace? 「どの本が好きですか」 Quali libri preferisci? 「どのような本が好きですか」

接続詞

エ **e**	～と， そして	io e te「僕と君」 ＊母音の前，特にeで始まる単語の前ではedとなります。
オ **o**	あるいは	＝ oppure l'italiano o il francese「イタリア語かフランス語」
マ **ma**	しかし	Sono stanco, ma devo partire. 「疲れているけど，出発しなければならない」
ペろー **però**	しかし	Lui è bello, però è antipatico. 「彼はイケメンだが，感じが悪い」

イタリア語のアクセントの位置は，大部分が後ろから2番目の音節
にあります。

- **イ*ター*リア**
  I-ta-lia「イタリア」

- **ミ*ラ*ーノ**
  Mi-la-no「ミラノ」

- **ピッツェ*り*ーア**
  piz-ze-ri-a「ピッツェリア」

- **ら*ガッ*ツォ**
  ra-gaz-zo「少年」

後ろから3番目の音節にアクセントがある単語もあります。

- **ナ*ー*ポリ**
  Na-po-li「ナポリ」

- **ファ*ー*チレ**
  fa-ci-le「簡単な」

- **ジョ*ー*ヴァネ**
  gio-va-ne「若い」

- **タ*ー*ヴォラ**
  ta-vo-la「テーブル」

最後の音節にアクセントがあるものは，必ずアクセントを付けます。
アクセントには，［ ` ］《開口音（accento grave）》と［ ´ ］《閉口音
（accento acuto）》の2つがあります。

- **パ*パー***
  papà「パパ，お父さん」（**papa**「教皇」との違いに注意）

- **カッ*フェ*ー**
  caffè「コーヒー」

- **ぺる*ケ*ー**
  perché「なぜ」

発音と読み方④

- **s** は濁る場合があります。母音にはさまれた **s** はザ・ゼ・ズィ・ゾ・ズの
  ようになりますが，地域によって異なります。
  例）**paese** パエーゼ「国；田舎」
  ただし，**casa** カーザ，カーサ「家」 のように地域によって濁音か清音
  か異なることがあります。

- 有声子音 **b, d, g, l, m, n, r, v** の前も濁音になります。
  例）**Svizzera** ズ**ヴィ**ッツェら「スイス」

- **z** もザ行音とツァ，ツィ，ツ，ツェ，ツォと濁音と清音に，地域によって
  違いがあります。
  例）**zio** ズィーオ，ツィーオ「叔父，伯父」

本書で取り扱う動詞について

　イタリア語には，直説法，条件法，接続法，命令法といった様々な法があり，直説法だけでも，現在，近過去，半過去，大過去，未来などと多くの時制を表しますが，初心者レベルということをふまえて作成した本書では，主に直説法の現在と近過去を採用し，また，一部のフレーズでは，初心者でも使用頻度の高い条件法と命令法も使用しています。

　動詞の種類には，他動詞（**fare** など），自動詞（**andare** など），再帰動詞（**lavarsi** など），非人称動詞（**piovere** など）などがあります（**svegliarsi** は厳密には代名動詞ですが，本書では再帰動詞として扱っています）。

近過去の作り方

　近過去は，現在に何らかの影響，関わりがあるすでに完了した過去の行為や経験を示し，**avere ／ essere** ＋ 過去分詞のように作ります。

◆ 他動詞はすべての助動詞に **avere** を用います。

- **Ieri ho mangiato la carne.**「昨日私は肉を食べた」

◆ 自動詞は **essere** と **avere** の両方を助動詞にとりますが，**andare** などの発着往来を示す動詞のほとんどは，**essere** を用います。なお，**essere** を助動詞にとる場合，主語の性・数によって，過去分詞の語尾が変化します。

- **Lui è andato in ufficio.**「彼は会社に行った」
- **Lei è andata in ufficio.**「彼女は会社に行った」
- **Loro sono andati in ufficio.**「彼らは会社に行った」

cominciare，**finire**，**passare** など，他動詞と自動詞の両方の意味

を持つ動詞があり，**correre** では自動詞でも意味によって助動詞を **essere** と **avere** で使い分けることもあるので，このような動詞は注意が必要です。

条件法

本書で取り扱う条件法は現在形のみで，**volere**（**vorrei**）と **piacere**（**piacerebbe**）の２つです。

条件法にも様々な用法がありますが，本書のフレーズで採用しているものは，語調を緩和する意味に限られています。買い物などの場面などでもよく使う用法ですので，必ず覚えましょう。

- **Vorrei questo.**「これをいただけますか」
- **Vorrei andare in Sicilia.**「私はシチリアに行きたいです」
  ＝ **Mi piacerebbe andare in Sicilia.**

これを直説法現在形で示すと **Voglio andare in Sicilia.**「私はシチリアに行きたい」と強い語調になります。また **piacere** を用いた，**piacerebbe** も **vorrei** と同じく婉曲的な表現になりますが，１人称単数の **vorrei** に対し **piacerebbe** は３人称単数で，後ろに不定詞を常に伴います。**piacere** の直説法現在を用いた **Mi piace 〜 .** は「私は〜が好きです」となるので，区別して覚えてください。

命令法

命令法は，単に「〜しなさい，〜してください」という使い方だけでなく，勧誘を表す意味でも用います。本書では，直説法との区別をわかり易くするために，命令法では「！（感嘆符）」をつけています。直説法との違いを見てみましょう。

- **Andiamo al cinema.**「私たちは映画館に行きます」
- **Andiamo al cinema!**「（私たちは）映画館に行こう！」

というように，「！」の有無で，意味が変わってきます。

◆ 過去分詞

不定詞	直説法・現在			
037 **essere**	io	s**o**no	noi	si**a**mo
	tu	s**e**i	voi	si**e**te
◆ st**a**to	Lei/lui/lei	è	loro	s**o**no
043 **av**e**re**	io	ho	noi	abbi**a**mo
	tu	h**ai**	voi	av**e**te
◆ av**u**to	Lei/lui/lei	ha	loro	h**a**nno

-are 動詞

不定詞	直説法・現在			
485 **abit**a**re**	io	**a**bito	noi	abiti**a**mo
	tu	**a**biti	voi	abit**a**te
◆ abit**a**to	Lei/lui/lei	**a**bita	loro	**a**bitano
490 **aiut**a**re**	io	ai**u**to	noi	aiuti**a**mo
	tu	ai**u**ti	voi	aiut**a**te
◆ aiut**a**to	Lei/lui/lei	ai**u**ta	loro	ai**u**tano
484 **alz**a**re**	io	**a**lzo	noi	alzi**a**mo
	tu	**a**lzi	voi	alz**a**te
◆ alz**a**to	Lei/lui/lei	**a**lza	loro	**a**lzano
414 **am**a**re**	io	**a**mo	noi	ami**a**mo
	tu	**a**mi	voi	am**a**te
◆ am**a**to	Lei/lui/lei	**a**ma	loro	**a**mano

323	andare	io	vado	noi	andiamo
		tu	vai	voi	andate
	◆ andato	Lei/lui/lei	va	loro	vanno
328	arrivare	io	arrivo	noi	arriviamo
		tu	arrivi	voi	arrivate
	◆ arrivato	Lei/lui/lei	arriva	loro	arrivano
224	ascoltare	io	ascolto	noi	ascoltiamo
		tu	ascolti	voi	ascoltate
	◆ ascoltato	Lei/lui/lei	ascolta	loro	ascoltano
475	aspettare	io	aspetto	noi	aspettiamo
		tu	aspetti	voi	aspettate
	◆ aspettato	Lei/lui/lei	aspetta	loro	aspettano
182	ballare	io	ballo	noi	balliamo
		tu	balli	voi	ballate
	◆ ballato	Lei/lui/lei	balla	loro	ballano
277	cambiare	io	cambio	noi	cambiamo
		tu	cambi	voi	cambiate
	◆ cambiato	Lei/lui/lei	cambia	loro	cambiano
470	camminare	io	cammino	noi	camminiamo
		tu	cammini	voi	camminate
	◆ camminato	Lei/lui/lei	cammina	loro	camminano
177	cantare	io	canto	noi	cantiamo
		tu	canti	voi	cantate
	◆ cantato	Lei/lui/lei	canta	loro	cantano

466	cercare	io	cerco	noi	cerchiamo
		tu	cerchi	voi	cercate
	◆ cercato	Lei/lui/lei	cerca	loro	cercano
474	chiamare	io	chiamo	noi	chiamiamo
		tu	chiami	voi	chiamate
	◆ chiamato	Lei/lui/lei	chiama	loro	chiamano
463	cominciare	io	comincio	noi	cominciamo
		tu	cominci	voi	cominciate
	◆ cominciato	Lei/lui/lei	comincia	loro	cominciano
384	comprare	io	compro	noi	compriamo
		tu	compri	voi	comprate
	◆ comprato	Lei/lui/lei	compra	loro	comprano
391	costare	io	costo	noi	costiamo
		tu	costi	voi	costate
	◆ costato	Lei/lui/lei	costa	loro	costano
273	dare	io	do	noi	diamo
		tu	dai	voi	date
	◆ dato	Lei/lui/lei	dà	loro	danno
420	dimenticare	io	dimentico	noi	dimentichiamo
		tu	dimentichi	voi	dimenticate
	◆ dimenticato	Lei/lui/lei	dimentica	loro	dimenticano
467	diventare	io	divento	noi	diventiamo
		tu	diventi	voi	diventate
	◆ diventato	Lei/lui/lei	diventa	loro	diventano

478	entrare		io	entro		noi	entriamo
		tu	entri		voi	entrate
	◆ entrato	Lei/lui/lei	entra		loro	entrano
183	fare		io	faccio		noi	facciamo
		tu	fai		voi	fate
	◆ fatto	Lei/lui/lei	fa		loro	fanno
437	festeggiare		io	festeggio		noi	festeggiamo
		tu	festeggi		voi	festeggiate
	◆ festeggiato	Lei/lui/lei	festeggia		loro	festeggiano
186	giocare		io	gioco		noi	giochiamo
		tu	giochi		voi	giocate
	◆ giocato	Lei/lui/lei	gioca		loro	giocano
476	girare		io	giro		noi	giriamo
		tu	giri		voi	girate
	◆ girato	Lei/lui/lei	gira		loro	girano
489	guadagnare		io	guadagno		noi	guadagniamo
		tu	guadagni		voi	guadagnate
	◆ guadagnato	Lei/lui/lei	guadagna		loro	guadagnano
472	guardare		io	guardo		noi	guardiamo
		tu	guardi		voi	guardate
	◆ guardato	Lei/lui/lei	guarda		loro	guardano
137	incontrare		io	incontro		noi	incontriamo
		tu	incontri		voi	incontrate
	◆ incontrato	Lei/lui/lei	incontra		loro	incontrano

171

417	interessare	io	interesso	noi	interessiamo
		tu	interessi	voi	interessate
	◆ interessato	Lei/lui/lei	interessa	loro	interessano
439	invitare	io	invito	noi	invitiamo
		tu	inviti	voi	invitate
	◆ invitato	Lei/lui/lei	invita	loro	invitano
487	lasciare	io	lascio	noi	lasciamo
		tu	lasci	voi	lasciate
	◆ lasciato	Lei/lui/lei	lascia	loro	lasciano
483	lavare	io	lavo	noi	laviamo
		tu	lavi	voi	lavate
	◆ lavato	Lei/lui/lei	lava	loro	lavano
335	mangiare	io	mangio	noi	mangiamo
		tu	mangi	voi	mangiate
	◆ mangiato	Lei/lui/lei	mangia	loro	mangiano
122	nevicare	io	—	noi	—
		tu	—	voi	—
	◆ nevicato	Lei/lui/lei	nevica	loro	—
189	nuotare	io	nuoto	noi	nuotiamo
		tu	nuoti	voi	nuotate
	◆ nuotato	Lei/lui/lei	nuota	loro	nuotano
299	pagare	io	pago	noi	paghiamo
		tu	paghi	voi	pagate
	◆ pagato	Lei/lui/lei	paga	loro	pagano

220	parlare	io parlo	noi parliamo
		tu parli	voi parlate
	◆ parlato	Lei/lui/lei parla	loro parlano
298	passare	io passo	noi passiamo
		tu passi	voi passate
	◆ passato	Lei/lui/lei passa	loro passano
428	pensare	io penso	noi pensiamo
		tu pensi	voi pensate
	◆ pensato	Lei/lui/lei pensa	loro pensano
329	portare	io porto	noi portiamo
		tu porti	voi portate
	◆ portato	Lei/lui/lei porta	loro portano
142	prenotare	io prenoto	noi prenotiamo
		tu prenoti	voi prenotate
	◆ prenotato	Lei/lui/lei prenota	loro prenotano
336	preparare	io preparo	noi prepariamo
		tu prepari	voi preparate
	◆ preparato	Lei/lui/lei prepara	loro preparano
440	presentare	io presento	noi presentiamo
		tu presenti	voi presentate
	◆ presentato	Lei/lui/lei presenta	loro presentano
397	provare	io provo	noi proviamo
		tu provi	voi provate
	◆ provato	Lei/lui/lei prova	loro provano

419	ricordare	io	ricordo	noi	ricordiamo
		tu	ricordi	voi	ricordate
	◆ ricordato	Lei/lui/lei	ricorda	loro	ricordano
045	scusare	io	scuso	noi	scusiamo
		tu	scusi	voi	scusate
	◆ scusato	Lei/lui/lei	scusa	loro	scusano
462	sembrare	io	sembro	noi	sembriamo
		tu	sembri	voi	sembrate
	◆ sembrato	Lei/lui/lei	sembra	loro	sembrano
431	sperare	io	spero	noi	speriamo
		tu	speri	voi	sperate
	◆ sperato	Lei/lui/lei	spera	loro	sperano
399	stare	io	sto	noi	stiamo
		tu	stai	voi	state
	◆ stato	Lei/lui/lei	sta	loro	stanno
160	studiare	io	studio	noi	studiamo
		tu	studi	voi	studiate
	◆ studiato	Lei/lui/lei	studia	loro	studiano
276	telefonare	io	telefono	noi	telefoniamo
		tu	telefoni	voi	telefonate
	◆ telefonato	Lei/lui/lei	telefona	loro	telefonano
496	tirare	io	tiro	noi	tiriamo
		tu	tiri	voi	tirate
	◆ tirato	Lei/lui/lei	tira	loro	tirano

326	tornare	io	t**o**rno	noi	torni**a**mo
		tu	t**o**rni	voi	torn**a**te
	◆ tornato	Lei/lui/lei	t**o**rna	loro	t**o**rnano
486	trovare	io	tr**o**vo	noi	trovi**a**mo
		tu	tr**o**vi	voi	trov**a**te
	◆ trovato	Lei/lui/lei	tr**o**va	loro	tr**o**vano
468	usare	io	**u**so	noi	usi**a**mo
		tu	**u**si	voi	us**a**te
	◆ usato	Lei/lui/lei	**u**sa	loro	**u**sano
138	viaggiare	io	vi**a**ggio	noi	viaggi**a**mo
		tu	vi**a**ggi	voi	viaggi**a**te
	◆ viaggiato	Lei/lui/lei	vi**a**ggia	loro	vi**a**ggiano
139	visitare	io	v**i**sito	noi	visiti**a**mo
		tu	v**i**siti	voi	visit**a**te
	◆ visitato	Lei/lui/lei	v**i**sita	loro	v**i**sitano

-ere 動詞

	不定詞		直説法・現在		
337	bere	io	b**e**vo	noi	bevi**a**mo
		tu	b**e**vi	voi	bev**e**te
	◆ bevuto	Lei/lui/lei	b**e**ve	loro	b**e**vono
482	cadere	io	c**a**do	noi	cadi**a**mo
		tu	c**a**di	voi	cad**e**te
	◆ caduto	Lei/lui/lei	c**a**de	loro	c**a**dono

488 chiedere	io chiedo	noi chiediamo
	tu chiedi	voi chiedete
◆ chiesto	Lei/lui/lei chiede	loro chiedono
493 chiudere	io chiudo	noi chiudiamo
	tu chiudi	voi chiudete
◆ chiuso	Lei/lui/lei chiude	loro chiudono
405 conoscere	io conosco	noi conosciamo
	tu conosci	voi conoscete
◆ conosciuto	Lei/lui/lei conosce	loro conoscono
471 correre	io corro	noi corriamo
	tu corri	voi correte
◆ corso	Lei/lui/lei corre	loro corrono
430 credere	io credo	noi crediamo
	tu credi	voi credete
◆ creduto	Lei/lui/lei crede	loro credono
434 decidere	io decido	noi decidiamo
	tu decidi	voi decidete
◆ deciso	Lei/lui/lei decide	loro decidono
412 dispiacere	io dispiaccio	noi dispiacciamo
	tu dispiaci	voi dispiacete
◆ dispiaciuto	Lei/lui/lei dispiace	loro dispiacciono
402 dovere	io devo	noi dobbiamo
	tu devi	voi dovete
◆ dovuto	Lei/lui/lei deve	loro devono

473	leggere	io	leggo	noi	leggiamo
		tu	leggi	voi	leggete
	◆ letto	Lei/lui/lei	legge	loro	leggono
477	mettere	io	metto	noi	mettiamo
		tu	metti	voi	mettete
	◆ messo	Lei/lui/lei	mette	loro	mettono
307	nascere	io	nasco	noi	nasciamo
		tu	nasci	voi	nascete
	◆ nato	Lei/lui/lei	nasce	loro	nascono
404	piacere	io	piaccio	noi	piacciamo
		tu	piaci	voi	piacete
	◆ piaciuto	Lei/lui/lei	piace	loro	piacciono
416	piangere	io	piango	noi	piangiamo
		tu	piangi	voi	piangete
	◆ pianto	Lei/lui/lei	piange	loro	piangono
121	piovere	io	—	noi	—
		tu	—	voi	—
	◆ piovuto	Lei/lui/lei	piove	loro	—
401	potere	io	posso	noi	possiamo
		tu	puoi	voi	potete
	◆ potuto	Lei/lui/lei	può	loro	possono
332	prendere	io	prendo	noi	prendiamo
		tu	prendi	voi	prendete
	◆ preso	Lei/lui/lei	prende	loro	prendono

438	ricevere	io	ricevo	noi	riceviamo
		tu	ricevi	voi	ricevete
	◆ ricevuto	Lei/lui/lei	riceve	loro	ricevono
469	rimanere	io	rimango	noi	rimaniamo
		tu	rimani	voi	rimanete
	◆ rimasto	Lei/lui/lei	rimane	loro	rimangono
406	sapere	io	so	noi	sappiamo
		tu	sai	voi	sapete
	◆ saputo	Lei/lui/lei	sa	loro	sanno
398	scegliere	io	scelgo	noi	scegliamo
		tu	scegli	voi	scegliete
	◆ scelto	Lei/lui/lei	sceglie	loro	scelgono
481	scendere	io	scendo	noi	scendiamo
		tu	scendi	voi	scendete
	◆ sceso	Lei/lui/lei	scende	loro	scendono
271	scrivere	io	scrivo	noi	scriviamo
		tu	scrivi	voi	scrivete
	◆ scritto	Lei/lui/lei	scrive	loro	scrivono
465	smettere	io	smetto	noi	smettiamo
		tu	smetti	voi	smettete
	◆ smesso	Lei/lui/lei	smette	loro	smettono
415	sorridere	io	sorrido	noi	sorridiamo
		tu	sorridi	voi	sorridete
	◆ sorriso	Lei/lui/lei	sorride	loro	sorridono

495	spingere		io	spingo		noi	spingiamo
			tu	spingi		voi	spingete
	◆ spinto	Lei/lui/lei		spinge		loro	spingono
223	vedere		io	vedo		noi	vediamo
			tu	vedi		voi	vedete
	◆ visto	Lei/lui/lei		vede		loro	vedono
386	vendere		io	vendo		noi	vendiamo
			tu	vendi		voi	vendete
	◆ venduto	Lei/lui/lei		vende		loro	vendono
400	volere		io	voglio		noi	vogliamo
			tu	vuoi		voi	volete
	◆ voluto	Lei/lui/lei		vuole		loro	vogliono

-ire 動詞

	不定詞			直説法・現在			
491	aprire		io	apro		noi	apriamo
			tu	apri		voi	aprite
	◆ aperto	Lei/lui/lei		apre		loro	aprono
429	capire		io	capisco		noi	capiamo
			tu	capisci		voi	capite
	◆ capito	Lei/lui/lei		capisce		loro	capiscono
221	dire		io	dico		noi	diciamo
			tu	dici		voi	dite
	◆ detto	Lei/lui/lei		dice		loro	dicono

143	dormire	io dormo	noi dormiamo
		tu dormi	voi dormite
	◆ dormito	Lei/lui/lei dorme	loro dormono
464	finire	io finisco	noi finiamo
		tu finisci	voi finite
	◆ finito	Lei/lui/lei finisce	loro finiscono
308	morire	io muoio	noi moriamo
		tu muori	voi morite
	◆ morto	Lei/lui/lei muore	loro muoiono
327	partire	io parto	noi partiamo
		tu parti	voi partite
	◆ partito	Lei/lui/lei parte	loro partono
413	preferire	io preferisco	noi preferiamo
		tu preferisci	voi preferite
	◆ preferito	Lei/lui/lei preferisce	loro preferiscono
403	riuscire	io riesco	noi riusciamo
		tu riesci	voi riuscite
	◆ riuscito	Lei/lui/lei riesce	loro riescono
480	salire	io salgo	noi saliamo
		tu sali	voi salite
	◆ salito	Lei/lui/lei sale	loro salgono
222	sentire	io sento	noi sentiamo
		tu senti	voi sentite
	◆ sentito	Lei/lui/lei sente	loro sentono

272	spedire	io	spedisco	noi	spediamo
		tu	spedisci	voi	spedite
	◆spedito	Lei/lui/lei	spedisce	loro	spediscono
479	uscire	io	esco	noi	usciamo
		tu	esci	voi	uscite
	◆uscito	Lei/lui/lei	esce	loro	escono
325	venire	io	vengo	noi	veniamo
		tu	vieni	voi	venite
	◆venuto	Lei/lui/lei	viene	loro	vengono

再帰動詞

	不定詞		直説法・現在形		
484	alzarsi	io	mi alzo	noi	ci alziamo
		tu	ti alzi	voi	vi alzate
	◆alzatosi	Lei/lui/lei	si alza	loro	si alzano
038	chiamarsi	io	mi chiamo	noi	ci chiamiamo
		tu	ti chiami	voi	vi chiamate
	◆chiamatosi	Lei/lui/lei	si chiama	loro	si chiamano
420	dimenticarsi	io	mi dimentico	noi	ci dimentichiamo
		tu	ti dimentichi	voi	vi dimenticate
	◆dimenticatosi	Lei/lui/lei	si dimentica	loro	si dimenticano
441	divertirsi	io	mi diverto	noi	ci divertiamo
		tu	ti diverti	voi	vi divertite
	◆divertitosi	Lei/lui/lei	si diverte	loro	si divertono

483	lavarsi	io	mi lavo	noi	ci laviamo
		tu	ti lavi	voi	vi lavate
	◆ lavatosi	Lei/lui/lei	si lava	loro	si lavano
419	ricordarsi	io	mi ricordo	noi	ci ricordiamo
		tu	ti ricordi	voi	vi ricordate
	◆ ricordatosi	Lei/lui/lei	si ricorda	loro	si ricordano
408	sentirsi	io	mi sento	noi	ci sentiamo
		tu	ti senti	voi	vi sentite
	◆ sentitosi	Lei/lui/lei	si sente	loro	si sentono
418	sposarsi	io	mi sposo	noi	ci sposiamo
		tu	ti sposi	voi	vi sposate
	◆ sposatosi	Lei/lui/lei	si sposa	loro	si sposano

見出し語索引

N	

佐藤 德和（さとう・のりかず）

　1998年ローマに語学留学。帰国後、『ポケットプログレッシブ伊和・和伊辞典（小学館）』の制作に参加し、その後は、イタリア語辞書・学習書などの編集、校正、執筆に携わる。スポーツライターとしても活動中で、サッカー総合サイト「サッカーキング」などにイタリア関連の記事を寄稿。通訳や都内語学学校で講師も務める。イタリア語検定協会事務局員。『使えるイタリア語単語3700』（共著、ベレ出版）。

北野 美絵子 ジュリア（きたの・みえこ・じゅりあ）

　クレモーナ生まれ。Gaspare Aselli 国立理科系高校、法政大学国際文化学部卒業。弦楽器輸入卸商社を経て、現在は伊西英日の翻訳・通訳業に従事。著書に『話すイタリア語の単語力』（語研）、『使えるイタリア語単語3700』（共著、ベレ出版）。

【ナレーター】
ロッサーナ・アンドリウッツィ
(Rossana Andriuzzi)

　バジリカータ州出身。フィレンツェ大学卒業後、シエナ大学にて、イタリア語を教えるための専門資格 DITALS を取得。美術史の教員免許を持つ。その後、フィレンツェの語学学校で実績を積み、2004年に来日し、現在は都内の語学学校で講師として活躍中。著書に『中級へのイタリア語文法』（共著、三修社）、『L'italiano dell'arte』（HOEPLI）。

© Norikazu Sato; Mieko Giulia Kitano, 2023, Printed in Japan

1か月で復習する
イタリア語 基本の500単語【新装版】

2021年 1 月 5 日　　初版第 1 刷発行
2023年 6 月 1 日　　新装版第 1 刷発行

著　者　佐藤 德和／北野 美絵子 ジュリア
制　作　ツディブックス株式会社
発行者　田中 穏
発行所　株式会社 語研
　　　　〒101-0064
　　　　東京都千代田区神田猿楽町2-7-17
　　　　電　話　03-3291-3986
　　　　ファクス　03-3291-6749
組　版　ツディブックス株式会社
印刷・製本　シナノ書籍印刷株式会社

ISBN978-4-87615-423-4 C0087
書名　イッカゲツデフクシュウスル イタリアゴキホンノ ゴヒャクタンゴ シンソウバン
著者　サトウ ノリカズ／キタノ ミエコ ジュリア

著作者および発行者の許可なく転載・複製することを禁じます。

定価はカバーに表示してあります。
乱丁本、落丁本はお取り替えいたします。

本書の感想は
スマホから↓

株式会社 語研
語研URL https://www.goken-net.co.jp/